Guía para la formación de nuevos docentes

Elena Luchetti

Guía para la formación de nuevos docentes

Luchetti, Elena L.
   Guía para la formación de nuevos docentes - 2ª ed. - Buenos Aires : Bonum, 2010.
   112 p. ; 22x15 cm.

   ISBN 978-950-507-827-1

   1. Formación Docente. I. Título
   CDD 371.1

Primera edición: enero de 2008
Segunda edición: febrero de 2010

Director del Departamento de Educación: Dr. Julio César Labaké

Diagramación: Beton
Corrección: Ignacio Lo Russo

© Editorial Bonum, 2010.
Av. Corrientes 6687 (C1427BPE)
Buenos Aires - Argentina
Tel./Fax: (5411) 4554-1414
ventas@editorialbonum.com.ar
www.editorialbonum.com.ar

Queda hecho el depósito que indica la Ley 11.723
Todos los derechos reservados

No se permite la reproducción parcial o total, el almacenamiento, el alquiler, la transmisión o la transformación de este libro, en cualquier forma o en cualquier medio, sea electrónico o mecánico, mediante fotocopias, digitalización u otros métodos, sin el permiso previo y escrito del editor. Su infracción está penada por las Leyes 11.723 y 25.446.

Impreso en Argentina
Es industria argentina

*Ninguno ignora todo.
Ninguno sabe todo.
Todos sabemos algo.
Todos ignoramos algo.
Por eso aprendemos siempre.*

PAULO FREIRE

Introducción

¿Por qué es necesaria una nueva matriz de formación docente?

La escuela, de acuerdo con la Oficina Internacional de Educación, básicamente tiene por finalidad satisfacer tres necesidades:
- acceder a la información,
- procesarla,
- organizarla.

Esas necesidades fueron siempre las mismas, es decir, no cambiaron a través del tiempo. Sin embargo, cada época requiere que sean satisfechas de distinta manera porque hay expectativas nuevas.

Por ejemplo, en la Edad Media, **acceder a la información** significaba escuchar bien al maestro, ya que había muy pocos manuscritos, eran muy caros (por la escasez de copistas calificados), y la incorporación se hacía, preferentemente, por transmisión oral. Esto exigía del docente una especial capacidad y un especial cultivo de la oratoria.

Con la difusión del libro, para acceder a la información se hizo necesario discernir cuál podría servirme y, dentro de éste, hacer un buen uso del índice. Ya no era tan importante el docente como orador, sino como mediador entre el alumno y el material escrito. Las explicaciones se abreviaron porque se sustituyó, en gran medida, la palabra oral por la impresa. Y acceder a la información abarcó entrar en contacto con el soporte (competencias

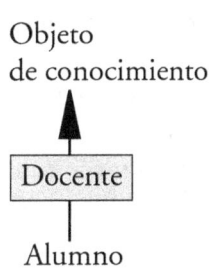

relacionadas con el acceso físico a la información) y la comprensión lectora (competencias relacionadas con el acceso intelectual a la información).

En la actualidad, satisfacer esa necesidad incluye no sólo el acceso al libro sino, por ejemplo, a Internet: hubo una "reestructuración o reempaque de la información en formatos nuevos"[1]. Internet ofrece nuevas maneras de interactuar con la información. Entonces no sólo tenemos que enseñar a discernir qué libros pueden servir para *tal* tema, y, dentro de ellos, cómo valerse del índice (alfabético y temático –paralelo o jerarquizado–), sino, usando un buscador no temático –como el Google– y aun temático como Yahoo, de qué modo advertir qué paginas, de entre las muchas que hay, se adecuan mejor a lo requerido. También hay que construir "criterios para decidir la validez de una información en la web", agrega Robert Bibeau, del Ministerio de Educación de Canadá. Esto ya es ineludible porque en caso contrario los alumnos no navegan sino que naufragan en el inmenso mar que es Internet. Es decir que, además de llevarlos a la biblioteca de la escuela o de la localidad o de usar copia de un fichero simulado para hacer una primera selección, si hay acceso a Internet en la institución (si no hay, podemos llevarlos a un *ciber*), les enseñaremos a usar los buscadores en pantalla, y, si no tenemos esa posibilidad, necesitaremos copia de una página de algún buscador para propiciar esos aprendizajes. Ser competente en el aprovechamiento de Internet es algo esencial para el futuro de nuestros alumnos, nos decía ya en 2001 (¡hace más de un lustro!) la Asociación Internacional de Lectura. Ésta, a pesar de ser una organización, lo que podría hacer pensar en una cierta tendencia a mantener el statu quo, no se aferra a la lectura sobre papel, sino que ha ampliado su incumbencia a toda clase de lectura, marcando rumbos para todos nosotros.
Cambió el recurso para satisfacer la necesidad y cambió, correlativamente, algún componente del rol docente –ahora requiere saber más de ese recurso–, no obstante, la necesidad es idéntica: acceder a la información.

---

[1] Eisenberg, Mike. "El modelo Big 6 para la solución de problemas de información". http://www.eduteka.org, Consulta: diciembre de 2006.

Lamentablemente, algunos docentes continúan siendo medievalistas, ignorando la evolución del contexto social, que lleva a considerar esencial el "realizar modificaciones en las prácticas de enseñanza y de aprendizaje [porque] una nueva educación requiere (…) un cambio de camino"[2].

Lo mismo vale para la necesidad de **procesar la información**.

Antes, procesar la información consistía más bien en encontrar la manera de guardarla en la memoria tal cual se había recibido. Y el rol docente, en ese aspecto, se refería, en especial, a pensar reglas mnemotécnicas para enseñarlas a los alumnos.

Actualmente, procesar la información consiste en operar sobre ella. Cambió el modo de satisfacer la necesidad de procesar la información, aunque la necesidad es imperecedera.

Organizar la información era, principalmente, darle un orden lógico para exponer.

En la actualidad consiste sobre todo en emplear técnicas de trabajo intelectual y reordenarla mediante organizadores gráficos (cuadro sinóptico, mapa y red conceptual, mapa semántico, cuadro comparativo, línea de tiempo, diagrama, plano, etc.) u otros recursos.

Esas necesidades eran así porque el mundo era así y la educación debía satisfacer esas necesidades: cuando cambia el mundo, tiene que cambiar la educación para seguir satisfaciéndolas, que es su finalidad primordial. Hoy "el sistema educativo debe preparar a los estudiantes para que manejen y resuelvan situaciones en el futuro, bien distintas, por lo general, de aquellas que rodean el presente. Tales situaciones son, en gran parte, desconocidas y tanto más imprevisibles cuanto mayor y más rápido es el cambio", afirma Ángel Pérez Gómez. Hay que educar en el presente para un mundo *de posibles*, en el futuro, para un mundo ubicado en el signo del cambio. La sociedad no solicita a los docentes que ayuden a las nuevas generaciones para reproducir el estilo de vida vigente hoy, sino para responder a una sociedad del mañana, que no existe todavía. Por eso el aprendizaje de la enseñanza no está jamás terminado, habida cuenta de la complejidad de las situaciones y de los movimientos que determinan la actividad docente que se ejerce en marcos inéditos, ante públicos cambiantes. Es por esto por lo que la formación continua es una

---

[2] Gantus, Claudia. Revista *Puentes Educativos*, n° 53, agosto de 2007.

obligación profesional del educador, es un componente básico de la profesión de enseñante.

Para que cambie la educación y facilite a los alumnos la vida en ese mundo incierto y versátil, en ese futuro no del todo predecible, es preciso que cambie la formación docente, tiene que redefinirse "de acuerdo con las características y demandas prospectivas de cada cultura"[3]; una matriz diferente se hace imprescindible: "no más de lo mismo ni simple mejoría de lo existente. El modelo es inadecuado. Es un modelo pensado para otra época, otras clientelas, otro estado, otra sociedad, otro momento de la información. El desafío no es parchar el modelo existente sino construir otro", afirma la Lic. Rosa Torres.

¿Qué se requiere para cambiar la matriz?

Se requiere, ante todo, estar francamente dispuesto a revisar la matriz con la cual uno aprendió, los esquemas, los prototipos, los modelos internos (de llevar adelante la clase, de planificar, etc.); es decir, estar dispuestos a abordar una "reestructuración intelectual", al decir de César Coll; a deponer una actitud conservadora; a considerar otros puntos de interpretación de la realidad, a examinar lo instituido a la luz de lo instituyente, a afrontar una movilización interna; a intentar con todas las fuerzas que la escuela no se convierta en una *institución cascarón*, al decir del sociólogo británico Anthony Giddens: "instituciones que se han vuelto inadecuadas para las tareas que están llamadas a cumplir"; mirar con suma atención los cambios sociales que interpelan el trabajo de los maestros y profesores y modificar radicalmente los contextos organizacionales que definen el trabajo de enseñar.

Con respecto de los futuros docentes, hay que desechar el propósito de prepararlos para un sistema educativo que ya no existe, "con una cultura y una visión del significado de su profesión que ya ha cambiado", advierte Begoña Gros, de la Universidad de Barcelona. En

---

[3] Dr. Julio C. Labaké. "El futuro del rol docente". 6° Congreso Internacional de Educación. Buenos Aires. 12 y 13 de febrero de 2007.

lugar de eso, hay que procurar ayudarlos a formarse para los nuevos requerimientos de la sociedad del conocimiento y los escenarios "que se prevén para el futuro, en el corto, mediano y largo plazo", continúa B. Gros. Dice François Hurter que "la institución escolar es profundamente interpelada por los cambios en curso, los cuales son, en principio, llamados a amplificarse y a acelerarse en un próximo futuro". En ese sentido, José Esteve hace una analogía entre el docente y un actor de teatro clásico: "La escena está en penumbra, y él, vestido con ropajes de época, recita un monólogo en versos rimados, cuando, sin previo aviso, los encargados del decorado dejan caer a su espalda un telón de fondo con la imagen del Pato Donald y sus sobrinos, los encargados de la iluminación encienden tres rayos láser que cruzan el escenario, y los responsables de la tramoya sitúan en el escenario un maniquí vestido con una minifalda de cuero y el pelo teñido de naranja y verde. Nuestro actor, que aún no se ha dado cuenta de los cambios, continúa recitando en verso, y lo único que advierte es que el público se ríe de él; su primera reacción es de desconcierto: ¿por qué se ríen? La obra de teatro es buena, él es un gran actor, hasta ayer había obtenido siempre éxitos clamorosos, el público debería estar en silencio sobrecogido con la intensidad del drama; pero mira hacia la platea y lo único que ve es un barullo de comentarios diversos y grupos de espectadores que se ríen abiertamente". Y continúa: "el mensaje que pretendo comunicar con esta imagen es el de que si cambia el decorado y el actor sigue jugando el mimso papel, inevitablemente hará el ridículo. Aplicado al ejercicio de la profesión docente, esta imagen pretende advertir a los profesores la necesidad permanente de mirar a nuestra espalda para responder a los cambios de decorado"[4].

La tarea docente es ahora mucho más compleja de lo que fue nunca: "la escuela tiene que asumir nuevos desafíos y los docentes deben descubrir la nueva fisonomía de su rol"[5].

---

[4] Esteve, José. "Identidad y desafíos de la condición docente". En Tenti Fanfani, E.
[5] Dr. Julio C. Labaké. Op. cit.

¿Cómo se estructuraría esa nueva matriz?

Esa matriz debe atender a que el docente profesionalice el análisis del cambio social adoptando un enfoque o perspectiva situacional, que sepa educar en la diversidad, sentar las bases de la educación permanente, trabajar en equipo con sus pares, participar y educar en la participación, seleccionar contenidos, conocer variados métodos didácticos, favorecer la autonomía de los alumnos ayudándolos a construir las herramientas para alcanzar un propósito de aprendizaje, generar actividades productivas (no reproductivas), enseñar mediante la resolución de problemas…, porque las tradiciones del oficio docente actualmente colisionan con la realidad.

La construcción de la nueva matriz abarca la redefinición de una formación articulada en dos tramos:

- *inicial o de grado* que "ha sido, en las últimas décadas, la 'Cenicienta' de la educación latinoamericana", nos dice Ester Mancebo al analizar las transformaciones en la formación del docente de Uruguay.

  Quizás un elemento para dejar de ser Cenicienta, sea llevar los años de formación a no menos de 4 (cuatro); de esa manera sería factible articular con licenciaturas como anuncia la Nueva Ley de Educación, en su art. 73 e).

  Quizás otro elemento para dejar de ser Cenicienta, sea que los programas de formación inicial corrijan desniveles de entrada;

- *continua (o desarrollo profesional continuo)* entendida como reciclaje organizado en propuestas de *capacitación, actualización* y *perfeccionamiento*, que pueden presentarse por separado o vinculadas en una misma instancia y que sería deseable que dejaran de asumir la forma de cursos cortos y adoptaran, más bien, la de posgrados, postítulos o trayectos o, por lo menos, "que rompan la lógica de la sumatoria de cursos para generar espacios más sistemáticos"[6] que habiliten la posibilidad de transformar las prác-

---

[6] Gabriela Diker en "El oficio de enseñar". Revista *Portal Educativo*, DGCyE – PBA, n° 2, diciembre de 2006.

ticas educativas a favor del aprendizaje de los alumnos, que es su finalidad última. Este aprendizaje continuo del docente hace que no se desconecte nunca de un rol de aprendiente. Y esto redunda, sin lugar a dudas, en un mejor vínculo con sus alumnos, ya que comparten, claramente, esa posición.

La Nueva Ley de Educación en su art. 67 b) aclara que el desarrollo profesional será:
- integral,
- gratuito,
- en servicio,
- a lo largo de toda la carrera.

El *perfeccionamiento* consiste en aprender metódicamente de la propia experiencia profesional, mediante la reflexión (elaboración y formalización) sobre las prácticas, explicitando principios o teorías que parecían invisibles, el esclarecimiento del propio conocimiento y del marco de representaciones (plataforma tácita que sostiene la acción).

La reflexión –que implica procesos mentales relativamente complejos porque el sujeto de la reflexión debe devenir en objeto– es instrumental para nuevas prácticas superadoras y requiere buscar y encontrar el equilibrio (nada fácil) entre la autosatisfacción y la autodenigración. Por todo esto, la práctica reflexiva está en el corazón de las competencias docentes clave.

Se enmarca en el *practicum* (expresión originada en Schön) o ambiente donde se aprende por "la práctica orientada por alguien más conocedor", dice Daniel Feldman[7].

El otro aspecto del perfeccionamiento es que el docente "tiene que volver a estudiar temas y estrategias de clase, ahora desde el punto de vista del profesor práctico, y no del estudiante que se prepara para ser docente"[8].

La instancia es de *capacitación* cuando se aprende en el presente algo que debió haberse aprendido durante la etapa de formación y no ocurrió así, por los más variados motivos.

---

[7] *Novedades Educativas* n° 143, noviembre de 2002.
[8] Esteve, José. Op. cit.

Se entiende por *actualización* la recomposición y reconfiguración de los saberes debido al crecimiento exponencial de los conocimientos y a su vertiginosa obsolescencia; se trata de aprender "lo que todavía no existía" cuando se estaba en el momento de formación inicial; es una puesta al día en los desarrollos científicos o técnico-pedagógicos.

Tanto para la formación inicial como para la formación continua, la Nueva Ley de Educación habilita en su art. 75 b) la posibilidad de estudios a distancia.

Decálogo de la formación docente: propuesta de nodos de una nueva matriz posible

Este decálogo ofrece pilares "donde se puedan atar cabos y tejer redes de conceptos e ideas que habiliten siempre la posibilidad de pensamientos arraigados en la praxis", al decir de Miguel A. Duhalde.

Habría que considerar estas diez miradas como una unidad: "sería un error seleccionar partes aisladas sin haber comprendido la sinergia de las partes como un todo", nos ayuda a explicar José Garrido, de la PUC de Valparaíso.

Todas ellas son comunes a ambos tramos de la formación docente.

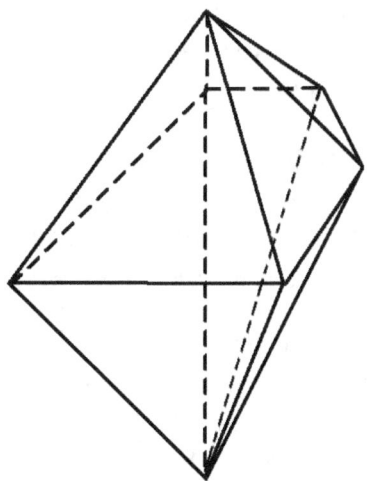

1. Formarse en y para educar en la diversidad

¿Qué entendemos por diversidad?
El diccionario de la Real Academia española, en la *primera acepción* de la palabra, dice que es variedad, desemejanza, diferencia.
Reparemos en que la expresión inicial es "variedad", vale decir que, desde el comienzo no hay ningún matiz negativo; al contrario, comúnmente, la idea de *variedad* se asocia con pluralidad, con tener algunas cosas a disposición, con posibilidad de elegir. Por ejemplo, comentando una comida festiva, es frecuente escuchar: "Había una variedad de postres", y es un comentario elogioso.
La *segunda acepción* refuerza esa idea: abundancia...
Esto nos lleva a considerar a la diversidad en el aula como una fortaleza, y a entender que, si ofrecemos a todos iguales secuencias didácticas y les pedimos que generen los mismos productos, sólo ahondamos la desigualdad, por lo tanto, sería un proceder docente inequitativo, en el cual, impensadamente, caemos con frecuencia: sabemos que los grupos no son homogéneos, sin embargo actuamos como si lo fueran, nos dice Norberto Boggino, sin advertir la similitud entre homogeneidad y visión reduccionista y simplificadora. En otras palabras, parece que negamos la diversidad en los hechos, aunque negarla sería dudar de la realidad. Además, "el derecho social y legal a la diferencia es intrínseco a la concepción de la democracia, y por ende al pluralismo, como así también la noción de igualdad de oportunidades" (Devalle). Que no significa meramente que todos puedan acceder a la escuela, sin más. Sino que todos puedan aprender en la escuela, a pesar de sus diferentes *backgrounds*. Y descontando que no todos aprendemos de la misma manera ni al mismo tiempo, pero recordando que "la educación es un derecho personal" (art. 2 de la Nueva Ley de Educación); que el Estado garantiza el derecho constitucional de aprender (art. 6) y que "el Estado garantiza el acceso de todos a la información y al conocimiento como instrumentos de la participación en un proceso de desarrollo" (art. 7).
Reconsiderando el concepto, diremos que diversidad es igualdad de condiciones para todos, respondiendo a la especificidad de personas, grupos y contextos diversos.

Hemos pasado de la escuela como espacio de socialización convergente (modelo educativo del *crisol* de fundición) a la escuela como ámbito de socialización divergente (modelo de la *ensalada* –de Alvin Toffler– en la que se encuentran componentes distintos y cada uno aporta un toque original a la totalidad, que se distingue por la diversidad de los ingredientes).

Un aula heterogénea es parecida a una orquesta compuesta de distintos instrumentos: todos tocan la misma partitura, aunque, a veces, lo hacen en conjunto; a veces, por grupos, quizás de instrumentos similares; a veces hay intervenciones solistas; no todos entran al mismo tiempo y, por supuesto, todos suenan distinto, sin embargo, no por eso alguien considera que el arpa es inferior o superior al violín, por ejemplo.

Como la diversidad es "dar a cada cual lo que realmente necesita, sin descuidar aquello que se considere común a todos" (Anijovich), puede pensarse en establecer diferencias:
- en el proceso y/o
- en el producto.

Como es imposible una clase con una propuesta para cada alumno –sería más difícil todavía que enseñar en el Arca de Noé– es prudente, para organizar los grupos, centrarse en la diversidad:
- de obstáculos o
- de posibilidades.

Con esto, intentamos responder a la pregunta: ¿hay un solo modo de alcanzar un objetivo (expectativa de logro, finalidad, o como se llame en las distintas corrientes curriculares)?

Para *formarse en* y para *educar en* la diversidad, el futuro docente, en su rol de alumno, tiene que:
- Sentirse respetado en su ser diverso, en su peculiar modo de ser inteligente[9], en su mayor o menor rapidez cognitiva[10], en sus preferencias y rechazos, en su variedad de conocimientos previos y ser ayudado cuando el *input* es deficitario… (si sus saberes previos no alcanzan a los propedéuticos previstos, tiene que haber

---

[9] Ver teoría de las inteligencias múltiples.
[10] Negar que los alumnos aprenden con distintos ritmos sería como negar que personas de la misma edad calzan diferente.

instancias de compensación: "estrategias pedagógicas que otorguen prioridad a los sectores más desfavorecidos de la sociedad", dice el art. 11 e) –considerar también los incisos f) y h)– de la nueva Ley de Educación. Habría, entre otras posibilidades, que destinar no menos de una hora semanal compensatoria para los alumnos que lo necesitan de acuerdo con sus *handicaps* previos –similar a lo que hay en provincia de Buenos Aires para Lengua y Matemática en primer año de la Formación docente para Nivel Inicial y EPB–; la merma del futuro docente puede estar en los contenidos, en las operaciones de pensamiento, en la comprensión lectora...).

- Aprender a educar en la diversidad: conocer las múltiples maneras de aprender, para poder dar "respuestas diferenciadas"[11], incorporar metodologías y recursos que le permitan atender las diferencias de sus alumnos[12]: (diferencias de tiempos de aprendizaje, diferencias de intereses que hay que cultivar –incorporar la libertad de proposición; o, cuanto menos, de opción–): ficheros de actividades graduadas por nivel, guías de estudio, trabajo por proyectos, resolución compartida de problemas, método de contratos didácticos basado en el modelo de contrato terapéutico (del estilo de "Hagamos un trato")[13], actividades colaborativas, flexibilización en la organización de las aulas, empleo de tutores (adaptación del método lancasteriano –ver Anexo–), uso de técnicas participativas[14], de estrategias como *Agendas, Estaciones, Instrucción compleja, Estudio en órbitas, Centros de aprendizaje y de interés*[15] *, Puntos de acceso* (vinculados a las inteligencias múltiples), *Actividades escalonadas, Compartimentar, Investigación en grupos, Estudio independiente, Paneles de elección, Formatos*[16], etc.,

---

[11] Lic. Rosa Torres.
[12] Tomlinson (2005) lo dice así: "Crear ambientes de aprendizaje que apunten a la diversidad". Introducción, pág. 14.
[13] Ver ejemplos de la aplicación de estos contratos en Tomlinson (2005). Cap. 11, pág. 148.
[14] Sagastizábal, Ma. de los Ángeles. *Aprender y enseñar en contextos complejos*. Buenos Aires. Noveduc. 2006.
[15] Tomlinson (2001), cap. 7.
[16] Ídem, cap. 8.

serían propuestas privilegiadas, aunque no excluyentes, en una pedagogía de la diversidad, que conduzca hacia una escuela de las oportunidades para todos. Ofrecer una gama es una posición completamente distinta que dar más actividades a los alumnos más capaces y menos a los otros, porque variaría la cantidad, pero no la calidad. ¿Y qué gana un alumno que lo sabe hacer bien, realizando dos tareas similares (dos problemas, dos descripciones…)?: exclusivamente mantenerse ocupado, lo cual no quiere decir aprendiendo, que es la finalidad de la escuela; además, posiblemente se desmotivaría porque la segunda actividad ya se posiciona en su Zona Real de Desarrollo (Vigotsky) y, quizás, eso lo lleve a "portarse mal", lo que habría que interpretar como un rasgo de salud mental: se niega a hacer más de lo mismo; implícitamente reclama que la escuela cumpla su función de enseñarle y no de entretenerlo. Vive la actividad duplicada casi a modo de castigo: un alumno que acredita dominio en algún campo, ya debe dejar de consolidarlo inútilmente y tiene que avanzar hacia otro. Respetar de este modo a los alumnos implica incorporar una gramática de la diversidad (descubrir su sintaxis, sus modos de relacionarse y de interdepender, de encontrar un orden…).

- Ser abierto, tolerante, asumir la diversidad "como una condición que nos involucra a todos ya que todos somos diferentes" (Bromberg).

Sin olvidar que atender a la diversidad implica *evaluar diversamente:* porque cambios en las estrategias de enseñanza conllevan cambios en las de evaluación, ya que "la evaluación y la enseñanza se articulan" (Bromberg). Una de las prácticas especiales de evaluación que contemplan la diversidad es el uso de portafolios (ver Anexo).

A fin de no desesperar, C. Tomlinson (2005) nos previene: "La diferenciación no implica que el docente pueda cubrir todas las necesidades de todos los alumnos todo el tiempo. Pero sí requiere crear una gama razonable de estrategias didácticas para que la mayoría encuentre una forma de aprendizaje adecuada para gran parte del tiempo". No obstante, esa gama no hay por qué ponerla en juego desde el principio: la mejor manera de atender a la diversidad, es darse permiso para ir al propio ritmo y, probablemente, empezar por diferenciar actividades en el área que más nos gusta, o hacerlo en uno de los módulos de cada día, o emplear las mismas actividades y pactar con los alumnos distintas fechas de entrega de los trabajos, o…

Como emplear recursos para atender a la diversidad en las aulas no es lo más habitual, cuando decidamos llevarlo a cabo para mejorar la calidad educativa de nuestra actuación docente, es conveniente, ya que implica un cambio sustantivo, explicitar la fundamentación a los alumnos y, si nos desempeñamos en niveles inferiores de escolaridad, también a sus padres, para no ser malinterpretados. Es menester aclarar que ningún alumno es inferior a otro porque no hace las mismas tareas. Puede acudirse al ejemplo de la orquesta, que será bien comprendido por la comunidad educativa, sin duda.

Ante la implementación, también conviene tener presente que: "Si bien el enfoque que llamamos diferenciado parece ser el 'correcto', no nos ofrece soluciones (…) instantáneas. Al igual que casi todos los conceptos valiosos, es complejo. Exige cuestionar, reflexionar y seguir cambiando" (Tomlinson, 2005).

Quizás nos dé pistas concretas para gestionar las aulas, el revisar la actuación de los maestros rurales que "no tienen más remedio" que realizar la diversificación curricular porque atienden de manera simultánea a alumnos de niveles distintos. Probablemente su "secreto" consiste en que no preparan las clases pensando en lo que ellos harán, sino en lo que harán sus alumnos: no planifican en función de las actividades de enseñanza, sino de las actividades de aprendizaje, algunas de las cuales no requieren una enseñanza directa de parte de ellos; en otras palabras, *desplazan* la atención desde la enseñanza (que suele ser una mera actividad discursiva en la que los protagonistas son los docentes), hacia el aprendizaje (actividad centrada en los alumnos).

2. Formarse en y para formar en la educación permanente

¿Qué es *educación permanente*? Es aprender siempre, por su cuenta, incorporarse al aprendizaje *todo a lo largo de la vida*, como dice la Unesco, lo cual no significa ir siempre a la escuela ni acumular título sobre título. "No es un método ni una técnica, sino una idea, un concepto marco que supone una visión dinámica de la educación"[17].

Hacer hincapié en la educación permanente ya se torna inevitable por el crecimiento exponencial del saber que se produce desde 1950 aproximadamente: en el campo de las Matemáticas, cada año surgen alrededor de 100.000 nuevos teoremas; la Historia produjo, en sólo dos décadas (1960-1980), más publicaciones que en toda la época previa desde la historiografía clásica griega; en Administración de negocios, en los años recientes, aparecieron alrededor de 5 (cinco) títulos por día; en Química, desde principios de los 90, se publican cerca de 1.000.000 de artículos en revistas especializadas cada dos años...[18]

Si al corpus de conocimientos que había generado la humanidad hasta el año 1750 lo consideramos como una unidad y le adjudicamos el valor 1,

> Año 1900   2
> Año 1950   4
> Año 1955   8

Se estima que en 2020 el corpus de conocimientos se duplicará cada 73 días.

A ese velocísimo incremento de los conocimientos se le agrega el modo acelerado en que se vuelven obsoletos: 7 (siete) años para las ciencias en general; según la OMS (Organización Mundial de la Salud), 5 (cinco) años en el ámbito de los saberes específicos de la medicina: "La información se produce y se abandona a un ritmo endiablado, cada vez más acelerado", sintetiza Ángel Pérez Álvarez. En el mismo sentido abunda Juan I. Pozo: "Buena parte de los conocimientos que puedan proporcionarse a los alumnos hoy (...) tienen fecha de caducidad"[19].

Es decir que el futuro docente y luego sus alumnas/os deberán egresar del sistema educativo con la posibilidad de continuar aprendiendo (a la educación permanente y a la equidad se refiere el art. 4 de la Nueva Ley de Educación) porque muchos de los conocimientos que incorpo-

---

[17] *Léxico de Ciencias de la Educación*. Madrid. Santillana. 1991.
[18] Brunner, José. *La necesidad de los pactos educativos*. I Foro latinoamericano de educación, 4 al 6 de abril de 2005.
[19] *El aprendizaje estratégico: Enseñar a aprender desde el currículo*. Madrid. Santillana. 1999.

raron durante su paso por la institución educativa serán insuficientes o caducos y necesitarán actualizarse, entre otras cosas, para trabajar: una universidad norteamericana dice que, suponiendo un alumno que terminaba el secundario con el 100% de conocimientos en 1910, en los primeros 20 años de vida laboral usaba aproximadamente el 53% de lo aprendido y en los restantes 20 años empleaba el 47% (habría usado, en su vida laboral, el total de los aprendido).

Un alumno que termina hoy su secundario con un supuesto de 100% de conocimientos, en los primeros 20 años usa el 3% de los aprendido y en los restantes 20 años, el 1%. Es evidente que, a lo largo de su vida laboral tendrá que aprender muchísimo.

% de conocimientos escolares usados en la vida laboral	1910	Hoy
En los primeros 20 años	53 %	3 %
En los 20 años siguientes	47 %	1 %
Total	100 %	4 %

Con el incentivo de que "se prevé que una vez que el joven deje el sistema educativo, deberá enfrentar no menos de tres cambios sustantivos en las tecnologías a aplicar en su vida como trabajador", nos alertaba el Ministro de Educación Ing. Jorge Rodríguez en las jornadas "La empresa de la educación". El Dr. Rolando García añadió que esos tres universos tecnológicos diferentes se concretarían en unos cuatro puestos de trabajo distintos en el transcurso de su vida laboral[20]. Habrá "movilidades profesionales estimuladas por las innovaciones tecnológicas y las transformaciones de las estructuras productivas"[21].

¿Cómo sentar, entonces, las bases de esa insoslayable educación permanente?

"Buenas condiciones para el aprendizaje permanente de quienes enseñan", anota la Lic. R. Torres como parte de la respuesta.

¿Y cómo lograr la capacidad para el aprendizaje permanente? Poniendo en el centro de la educación el aprender a aprender tal como lo indica la conclusión del congreso internacional que se celebró en Moscú con el patrocinio de la Unesco.

---

[20] Conferencia en la UBA, 12 de mayo de 2006.
[21] *Educación permanente*. Buenos Aires. Humanitas.

Luego, la Conferencia de Ministros de Educación celebrada en Bangkok, expresó: "El objeto de la educación no es tanto aportar una suma de conocimientos fijados de una vez para siempre como de *enseñar el arte de aprender, y de aprender continuamente*" (el destacado es nuestro).

Entonces, se desemboca en la idea indiscutible de que el aprendizaje a lo largo de toda la vida es "una necesidad *y un derecho* de todos, alumnos, educadores", nos comparte la Lic. R. Torres. Reparar en que esta pensadora añade un matiz a las consideraciones que se venían haciendo. Y no es menor.

Aprender a aprender incluye, básicamente, dos ámbitos:
- **operaciones de pensamiento** (funciones mentales, funciones epistemológicas, habilidades operatorias u operaciones cognoscitivas –o intelectuales, como las llama la UNESCO–),
- **técnicas de trabajo intelectual**,

El futuro docente, en su etapa de formación, debe, entonces, ser ayudado a cultivar ambos ámbitos y a incorporar estrategias "para que le sea posible actualizarse permanentemente"[22] y para enseñarlas a sus alumnos.

Se denominan **operaciones de pensamiento** *generales* o *básicas* a aquellas que se ponen en juego en todas las áreas del saber. Son *interdisciplinarias* o *trandisciplinarias* de acuerdo con la definición que acordemos de cada uno de esos términos. Son también *transversales* porque atraviesan las áreas.

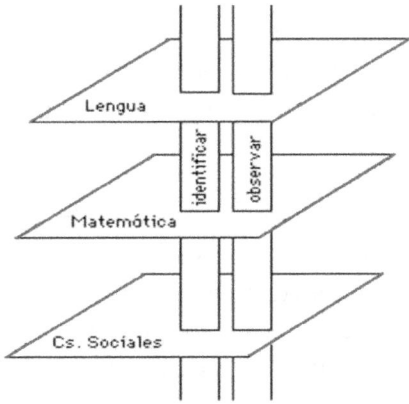

---

[22] Dr. Julio C. Labaké. Op. cit.

Las operaciones de pensamiento generales no son muchas; algunas, un poco más simples, a su vez están incluidas en otras más complejas. Por ejemplo: observar, ordenar, clasificar, identificar, definir, cuestionar, generalizar, hipotetizar, sintetizar, aplicar, extrapolar, etc.
Sin pretender exhaustividad, enumeramos algunas **técnicas de trabajo intelectual**:
- Organizadores gráficos
- Resumen
- Uso de ficheros de biblioteca
- Uso del índice
- Confección de fichas bibliográficas
- Informe de laboratorio
- Monografía

Los *organizadores gráficos* tienen diferentes funciones no excluyentes, sino complementarias, entre otras:
- simplificar información compleja,
- ilustrar conceptos abstractos manifestando relaciones espaciales, temporales o funcionales,
- facilitar la comprensión y aprendizaje de la información.

Algunos ejemplos de organizadores gráficos son: mapa y red conceptual; mapa semántico; gráficos que expresan relaciones numéricas (circular o de torta para mostrar distribución, de barras para favorecer en especial la comparación, de evolución o lineal para evidenciar preferentemente la evolución); cuadro sinóptico; cuadro comparativo (de doble entrada, simple a dos columnas...); línea de tiempo; diagrama (esquema, diagrama de flujo...); mapa, plano, croquis (que evidencian relaciones espaciales selectivas), etc. (Para desarrollo, ver *Anexo*)
Quizás nos estemos planteando cómo organizar la enseñanza de operaciones de pensamiento y de técnicas de trabajo intelectual. Hay que incluirlas en las unidades de trabajo en papel de *organizadoras* (principales, vertebradoras, eje, centrales...) o *de sostén o soporte* (auxiliares, complementarias, secundarias –en el sentido de "que secundan"–).
Habitualmente hacemos que los contenidos se constituyan en el axis de las propuestas de trabajo, pero podemos planificar una unidad de trabajo cuyo categoría organizadora sean las operaciones de pensa-

miento o las técnicas de trabajo intelectual (una o varias), y dar así el lugar de sostén a los contenidos. De todos modos, no tenemos que preocuparnos porque sea cual sea el organizador elegido, los contenidos "siempre están presentes, en mayor o menor grado como contenidos de soporte"[23].

Concretamente, su enseñanza abarca cuatro aspectos:

- *Qué:* Explicitar a los alumnos qué se les propone como objeto de conocimiento.
- *Por qué:* Fundamentar su importancia.
- *Cuándo:* Aclarar en qué momentos es pertinente su uso, dadas sus características distintivas, reflexionando acerca de por qué se selecciona esa y no otra: así se favorece la transferencia y la autonomía en el uso futuro por parte de los alumnos.
- *Cómo:* De qué manera aprenderla.

Si enseñamos operaciones de pensamiento o técnicas de trabajo intelectual, en algún momento nos plantearemos su evaluación y probablemente nos preguntemos: ¿pueden evaluarse? Todo lo que puede aprenderse puede evaluarse. A lo mejor estamos sorprendidos por lo inhabitual del tratamiento sistemático de este tipo enseñanza y esa sea la causa de que nos parezca casi imposible también su evaluación.

¿Cuándo evaluar las operaciones de pensamiento y las técnicas de trabajo intelectual? Admiten tres momentos para ser evaluadas: la instancia inicial (diagnóstica), la formativa o durante el proceso y la sumativa o final.

¿Cómo evaluar las operaciones de pensamiento y las técnicas de trabajo intelectual? Como no pueden enseñarse declarativamente porque no son estáticas, tampoco pueden ser evaluadas a través de la descripción teórica de cómo se debería hacer, ya que la evaluación tiene que ser isomórfica: hay que hacerlo mediante una realización del alumno. Partiendo de que la evaluación de ambas tiene necesariamente sostén en contenidos, no se puede prescindir de ellos, hay que neutralizarlos a fin de que no interfieran en nuestra apreciación del desempeño en cuanto a dominio de operaciones de pensamiento y las técnicas de trabajo intelectual que tengan los alumnos. Para eso

---

[23] Coll, C. *Psicología y currículum.* Buenos Aires. Paidós. 1998.

hay dos maneras principales: trabajar con contenidos ya aprendidos o con contenidos nuevos, pero a *libro abierto*.

"Se evalúan mediante la aplicación en una situación distinta, pero equivalente, de la del aprendizaje inicial"[24].

En la evaluación será necesario contemplar que la marcha de los aprendizajes "no es uniforme, que hay disparidad de ritmos y de posibilidades; que los aprendizajes no se construyen de un modo súbito y definitivo"[25].

3. Formarse en y para el trabajo por competencias

El futuro docente debe ser formado considerando un diseño curricular lejano del enciclopedismo: tiene que saber para poder enseñar a otros, no saber por saber. Conocer por conocer es endogámico y eso produce 'hijos defectuosos'; conocer debe tener otra finalidad para ser exogámico y evitar esas consecuencias indeseadas[26]. Esa finalidad está expresada en las **competencias:** en el uso funcional de los conocimientos en contextos diferentes.

No se ha acordado una definición unánime de "competencia", al contrario, coexisten diferentes enfoques para el concepto, aunque hay consenso en que indica los conjuntos de capacidades integradas en estructuras; no capacidades en abstracto, sino capacidades para…, un know how, "macrohabilidades" (Pinto), materializadas en una dimensión pragmática, es decir, saberes en ejecución, "saberes puestos en juego (…) para resolver situaciones concretas"[27]. En otras palabras, son "capacidades complejas, que poseen distintos grados de integración y se ponen de manifiesto en una gran variedad de situaciones correspondientes a los diversos ámbitos de la vida humana, personal y social. Son expresiones de los distintos grados de desarrollo personal y participación activa en los procesos sociales. Toda competencia es

---

[24] Amorós, C. *Cuadernos de pedagogía*, nº 139.
[25] *Diseño Curricular*, provincia de Entre Ríos.
[26] Dr. Julio C. Labaké. Op. cit.
[27] Gallart, M. Boletín de la Red Latinoamericana, Buenos Aires, año 6, n°2.

una síntesis de las experiencias que el sujeto ha logrado construir en el marco de su entorno vital amplio, de su pasado y de su presente"[28].
El informe PISA expresa que el concepto de competencia refiere a las capacidades de los alumnos para "analizar, razonar y comunicarse eficazmente cuando plantean, resuelven e interpretan problemas relacionados con distintas situaciones"[29]. De aquí se deduce que las competencias guardan una estrecha relación con los desempeños "dado que refieren a la instrumentación de un sujeto para operar (…) en los diferentes campos de actividad científico-tecnológico, económico, social y personal" (Duschatzky) y son más amplias que un objetivo.
Equivalen a grupos entramados de saberes que permiten enfrentar situaciones y demandas complejas con solvencia porque "se trata de un conocimiento en acción" (Duschatzky): las competencias aparecen como inseparables de la acción, y para ser desarrolladas requieren conocimientos.
En otras palabras, una competencia es la "facultad de movilizar un conjunto de recursos cognitivos (…) para solucionar con pertinencia y eficacia un conjunto de situaciones"[30].
Ser competente implica poder aplicar los contenidos a muchas situaciones que la vida presenta (es decir, poseer plasticidad).
"Las competencias contienen los conocimientos, pero los trascienden, en la medida en que son saberes aplicados que permiten dar respuesta a situaciones sociales reales (…). El concepto de *competencias* hace referencia a un *saber hacer* que permite a la persona desenvolverse de manera solvente en el medio social. Incluso se ha explicado un poco más detenidamente como 'saber hacer algo con lo que se sabe en un contexto con sentido' (…). Trabajar el desarrollo de competencias (…) implica realizar un proceso más centrado en las operaciones que puede realizar la mente frente a tareas determinadas, que en la acumulación de contenidos (…). [Perrenoud (2000) precisa que] "el enfoque por competencias no rechaza ni los contenidos, ni las disciplinas, sino

---

[28] CFCyE. *Recomendación 26/92*.
[29] OCDE. *Informe PISA 2003*. España. Santillana. 2005.
[30] Perrenoud, Philippe (2000), quien luego agrega que son "una capacidad de actuar de manera eficaz en un tipo definido de situación, capacidad que se apoya en conocimientos, pero que no se reduce a ellos".

que enfatiza su puesta en práctica" [y añade que] "la competencia se sitúa más allá de los conocimientos".

Es importante señalar que el desarrollo de competencias se puede promover siempre y cuando se esté operando (en el sentido piagetiano) sobre el objeto a conocer. Esto significa que los individuos se vuelven más competentes en la medida en que trabajen más sobre aquello en que se quiere avanzar.

Es claro que no son solamente las acciones las que promueven desarrollo, sino que también es necesario reflexionar sobre los resultados de tales acciones. En realidad, gran parte del trabajo de los educadores debería estar orientado a conducir a sus estudiantes a la reflexión sobre estos resultados de las acciones (…). [Perrenoud (2000) aclara que la reflexión] "es la base de las competencias".

Por último, es importante enfatizar que se requieren modificaciones en los procesos de observación y seguimiento al trabajo de los alumnos. Por supuesto, esto debe llevar también al educador a tener más control sobre sus acciones educativas, puesto que la observación y el seguimiento bien encauzados lo conducen a revisar y adecuar permanentemente el diseño de sus actividades diarias con los alumnos, de tal manera que resulten productivas para el avance hacia individuos más competentes".

Las competencias y la tarea docente

Considerar las competencias en la escuela implica un cambio grande en el vínculo de los docentes con el saber, en sus modos de 'dar clase', en sus competencias profesionales.

Perrenoud señala las contradicciones de una escuela que pendula entre dos posiciones: enseñar saberes (conocimientos) o desarrollar competencias, es decir, *"saber qué versus saber cómo"* (Guerrero), y menciona que habitualmente la escuela sigue atendiendo al aprendizaje con eje en los saberes porque:
- al ser lo más tradicional, se siente más segura,
- un enfoque por competencias la obligaría a resignificar las nociones de transposición y planificación,
- es más sencillo evaluar los conocimientos que las competencias,
- en síntesis, una enseñanza centrada en competencias llevaría a

cambiar radicalmente el rol del docente y del alumno a los cuales estamos acostumbrados.

Y concluye diciendo que: "el sistema educativo sólo podrá formar competencias (…) si la mayoría de los profesores adhiere libremente a esta concepción de su tarea". Después no omite la dificultad que entraña no contar con textos escolares que respeten el aprendizaje por competencias: sería "importante que los editores o los servicios de didáctica pongan a su disposición [del profesor] ideas de situaciones, pistas metodológicas y materiales adecuados. Estos medios se diferenciarían de los que uno encuentra en las editoriales especializadas en libros escolares, serían concebidos y realizados por personas orientadas al enfoque por competencias, que demanda otras didácticas. ¡Toda evolución en este sentido chocaría con el poder de la edición escolar, a la que los programas nocionales por nivel garantizan mercados fabulosos! La concepción de medios orientados a la formación de competencias sería más difícil y costosa, porque serían menos repetitivos y exigirían a sus autores más ingenio".

4. Formarse en y para la selección de contenidos

Para priorizar el aprender a aprender, los contenidos que se constituirán en objeto de conocimiento deben estar cuidadosamente seleccionados ("la escuela debe evitar saturarlos [a los alumnos] con grandes cantidades de información"[31]), situación que no es frecuente, quizás porque la selección de contenidos se vincula con el poder docente[32]. Oigamos, al respecto, las duras, durísimas palabras de José Gimeno Sacristán[33]: "Los contenidos que constituyen el currículum son contenidos inútiles para satisfacer las necesidades presentes".

---

[31] Acosta, Saúl. *Buscando entre todos es más fácil*. México. SEP. 2004.
[32] Ver Bromberg, A. Cap. 1.
[33] *Una escuela para nuestro tiempo*. Valencia. Torres. 1976. Cap. 2.

De manera un poco más blanda, lo reafirma Andy Hargreaves[34]: "Si uno de los objetivos de la escolarización es el de preparar a los estudiantes para el futuro, es necesario salvar la enorme distancia existente entre el conocimiento y las habilidades que necesitarán y lo que actualmente les proporcionan las escuelas."

¿No habría que "expurgar" las planificaciones de aquellos temas que no satisfacen al presente ninguna necesidad? ¿No sería bueno "bajar los puentes levadizos" y dejar de atrincherarnos en nuestra materia (o área) y poder ver que, aunque a nosotros nos gusten tanto (por eso elegimos esa especialidad), ciertos contenidos ya no son adecuados? ¿No quedaría así más tiempo para profundizar aquellos otros temas que sí son medulares y necesarios en este momento o incorporar saberes que habitualmente quedan afuera porque no alcanza el tiempo, en especial saberes preponderantemente operativos, como los de acceder, procesar y organizar la información?

En este sentido se pronuncia el Dr. Antonio Battro[35] recordando a Francisco de Occam, matemático y filósofo inglés del siglo XIV, quien enunció el *principio de la parsimonia*,[36] llamado después *navaja de Occam:* "hay que cortar lo que sobra".

Dice Battro que deberíamos aplicar ese principio en la educación: "Cuántas cosas inútiles, redundantes, obsoletas podríamos eliminar de los programas si siguiéramos el sabio precepto de parsimonia".

En el mismo sentido, nos habla Don Ernesto Sabato: "Alguien ha dicho que la cultura es lo que queda cuando se ha olvidado la erudición. No sé si me he convertido en un hombre culto, pero puedo garantizar que ya olvidé en forma casi total lo que me inyectaron a lo largo de mis estudios (…), como paradójico resultado de querer enseñarnos todo."[37]

Sigamos escuchando a Gimeno Sacristán: "El anquilosamiento en este sentido [en el sentido de que el currículum incluye contenidos inadecuados al presente] ha sido deslumbrante. La ciencia revisa sus

---

[34] *Una educación para el cambio.* España. Octaedro. 1998. Cap. 6.
[35] Diario *La Nación*, 19 de mayo de 2002.
[36] Según el diccionario, "parsimonia" no sólo significa lentitud (que es el sentido que más usualmente le damos), sino también frugalidad, moderación, circunspección, templanza…
[37] *Apologías y rechazos.* Barcelona. Seix barral. 1987. Cap.: Sobre algunos males de la educación.

principios con una rapidez progresivamente acelerada. Los métodos de producción han experimentado los mismos cambios. Paradójicamente nuestras escuelas continúan imperturbables al respecto (…). El contraste entre la dinámica innovadora de la ciencia y la tecnología con la impermeabilidad de los sistemas escolares es lo suficientemente evidente y alarmante como para justificar cuantas críticas, hechas y por hacer, han recaído sobre la institución encargada de transmitir y recrear el saber".

Luego, avanza con un ejemplo: "Una ojeada a los libros de texto nos deja estupefactos al comprobar que de ellos están ausentes (…) temas que (…) preocupan en el presente. Cualquier materia histórica se comienza por el origen de los orígenes y raramente conduce el saber de los alumnos a los tiempos presentes, cuando el alumno podría encontrar un significado personal a lo que estudia".

Los contenidos de los diseños curriculares satisfacían, quizás, nuestras propias necesidades, pero los tiempos cambian y los alumnos tienen hoy otras[38].

Algunos docentes "se oponen al cambio por pereza, desde una actitud inmovilista, ya que no están dispuestos a abandonar viejos temas (…) y a tener que preparar otros nuevos que ni siquiera se habían desarrollado cuando ellos concluyeron sus estudios"[39].

Esto abarca también las TIC (Teconologías de la Información y de la Comunicación), también llamadas TICE, en Europa, desde mediados de los años 1990 (con el añadido de "en el marco de la Enseñanza"; es decir que se refiere a las tecnologías usadas específicamente en un contexto pedagógico).

¿Por qué incluir las TIC? Porque los futuros docentes "van a desarrollar su trabajo profesional en aulas muy ricas tecnológicamente" (Sáenz), si pensamos que tienen por delante de dos y media a tres décadas de presencia en instituciones educativas.

Esto no significa que necesiten "ser expertos en teoría informática ni en el funcionamiento interno de una computadora", dice Tomás Sánchez Iniesta, pero sí adquirir las bases conceptuales y prácticas en el dominio de utilización de las TIC, porque:

---

[38] Sobre la falta de sentido de algunos contenidos que se abordan en las aulas, es interesante consultar la investigación del Ministerio de Educación de España, en J. Vera, *Un examen a la cultura escolar,* Barcelona, Octaedro, 2000.

[39] Esteve, José. Op. cit.

- parte de la información les llegará de esa manera,
- sus alumnos (ciudadanos del tercer milenio) interactúan con las TIC de modo habitual. Son *nativos informáticos*, niños que crecieron sabiendo que "esa teconología estaba instalada en la sociedad"[40]. Para algunos, esa tecnología estará en su casa o en su entorno más cercano, aunque para otros será todavía un *objeto de deseo*. Pero ambos grupos de niños nacieron con la tecnología instalada socialmente y eso les da un sesgo particular. Juan Silva, de la Universidad de Santiago de Chile, reformula así la idea: "Estamos en presencia de una nueva generación, fuertemenete identificada y familiarizada con el uso de las tecnologías. Tapsscot la denomina *Net-Generation* porque se han formado y han crecido en la era digital", aunque el concepto más extendido últimamente es el de "nativos digitales";
- las TIC cambian (porque amplían al aportar una plus valía o valor agregado) las formas de informarse, divertirse, trabajar, pensar, *enseñar* en el seno de nuestras sociedades; es decir, cambian los "ámbitos productivos y recreativos de la cultura, la política y la economía contemporáneas, que tienen muchos efectos sobre nuestras propias vidas" (Dussel);
- están presentes en múltiples aspectos de la vida cotidiana de muchísimas personas; por ese motivo, la escuela tendría que ser un espacio privilegiado en cuanto al uso de las TIC.

Los futuros docentes deben formarse *en* y *con* medios[41], a fin de adquirir las competencias necesarias para ayudar a sus eventuales alumnos a utilizar las TIC para aprender. Esas competencias se organizan en torno de cuatro ejes (Morel):
- consideradas como *objeto de conocimiento*;
- consideradas como *vector de conocimiento*, en tanto que simples medios de comunicación;
- consideradas como *soportes* en las áreas y materias escolares;
- consideradas como *factor de cambio* de los saberes, con efectos no sólo cuantitativos (ampliación de la oferta informativa), "sino

---

[40] Ferreiro, Emilia, "Alfabetización digital". Actas de las 12° Jornadas de Bibliotecas infantiles y escolares. Salamanca, 2004, págs. 13-32.
[41] Dr. Francisco Jarabo, de la Universidad de La Laguna, España, en el Seminario de Salamanca, 5 al 8 de diciembre de 2003.

también cualitativos por el tratamiento y utiización que podemos hacer de ellos" (Cabero).
Ante la introducción de las TIC en educación, se corre un riesgo: que los docentes que no están demasiado dispuestos al cambio mantengan antiguos modos de enseñar en estos nuevos soportes tecnológicos; algo así como un gatopardismo escolar: que todo cambie para que nada cambie. Porque el valor añadido de las TIC sigue siendo modesto si simplemente se insertan en una organización y en unas prácticas tradicionales. Habría que seguir el consejo del libro sagrado de los cristianos, escuchando a Marcos, cuando en el capítulo 2, versículo 22, dice: "A vino nuevo, odres nuevos".

5. Formarse en y para el empleo de otros espacios curriculares

La organización convencional del trabajo en el aula puede variar, para dar lugar a otros espacios curriculares que vayan respondiendo a las nuevas demandas que los tiempos traen.
Por ejemplo: seminario, taller, proyecto, laboratorio, etc.

Seminario

Definición:
Grupo de aprendizaje activo que investiga intensivamente en un clima de recíproca colaboración, en sesiones planificadas, recurriendo a fuentes originales de información (fuentes bibliográficas, experiencias, expertos). Los participantes no reciben la información ya elaborada. "Se caracteriza por la discusión, la participación, la elaboración de (…) conclusiones.[42]"
Objetivo:
Estudiar temas en profundidad y de un modo más autónomo, que es lo que pide este siglo.
Participantes:
- Un docente.
- Un secretario (por grupo).
- No menos de 5 ni más de 12 seminaristas por grupo.

---

[42] *Léxico de Ciencias de la Educación*. España. Santillana. 1991.

Pasos
- *Apertura:*

El *docente* formulará una agenda provisoria (temas, subtemas, tiempos).

Los *seminaristas:*
- la discutirán y se fijará la definitiva,
- designarán a su secretario, quien irá tomando nota de las conclusiones; es prudente que en la escuela sea un cargo rotativo.

- ***Desarrollo:***

El *docente* introduce el tema.

Se ejecuta la planificación; el docente va orientando y profundizando la tarea de los participantes. "Lo esencial en el trabajo de seminario es (…) orientar al alumno para que se dirija a las fuentes mismas del saber en cuestión, que aprenda a descubrir los hechos directamente y no de 'segunda mano' por la narración o verificación de terceros. Para el profesor que dirige el seminario lo fundamental ha de ser la metodología de investigación. Al enseñar a los alumnos a realizar una investigación determinada, deberá habilitarlos para que luego puedan realizar cualquier otra y en cualquier campo.[43]" Como exige el dominio de los instrumentos del trabajo intelectual, mientras se realiza el seminario hay que preparar al alumno para realizar metódicamente diversas actividades involucradas en la investigación. Dentro de las actividades se incluyen:

- búsqueda y manejo de bibliografía (atender al aprendizaje sistemático del uso de índices paralelos y jerarquizados, temáticos y alfabéticos, trabajo con hiperónimos-hipónimos-cohónimos, etc.),
- confección de fichas bibliográficas y eruditas.

- ***Cierre:***

Resumen, redacción del informe y evaluación del trabajo realizado. Los resultados son responsabilidad de todo el grupo.

Laboratorio

Definición:

"Organización de un espacio curricular (…) centrado en la realización de experiencias que parten generalmente de hipótesis, que dan

---

[43] Bullaude, José. *Curso de técnicas de enseñanza*. UBA/OEA.

lugar a un proceso de demostración, que culmina en la obtención de resultados, los que permiten extraer conclusiones y generalizaciones." (MCyE: Res. 1810/96)
Objetivo:
Descubrir o justificar verdades científicas.
Participantes:
Un docente y laboratoristas.

Pasos:
- *Apertura:*

Abordaje del tema de la manera que al docente le parezca prudente y formulación de hipótesis, si se trabaja en un *contexto de descubrimiento;* abordaje del tema de la manera que al docente le parezca prudente y planificación de la experiencia concreta, si se trabaja en un *contexto de justificación.*
- *Desarrollo:*

Realización de la experiencia, verificación o refutación de la hipótesis.
- *Cierre:*

Formalización del conocimiento y reflexión sobre lo realizado.

Taller

Definición:
Opción de aprendizaje con participación activa de los integrantes, en la cual la responsabilidad del aprendizaje reside en el docente y en los talleristas. Evita "la separación entre teoría y práctica, también llamada disociación[44]: la praxis precede y requiere la teoría. La teoría aparece como una necesidad para:
- iluminar la práctica,
- interpretar lo realizado,
- orientar una acción.

Objetivo:
Llegar a la teoría partiendo de la praxis y con más independencia respecto del docente, según es preciso en esta época.

---

[44] García, Maribel. *El taller como modalidad de trabajo colectivo.* México. SEP. 1999.

Participantes:
Un docente y talleristas.

Pasos:
- *Apertura:*

El docente propone el problema o cuestión. La teoría nunca debe encabezar la clase; jamás se incia con una exposición o una búsqueda de información.
- *Desarrollo:*

Conjuntamente con los talleristas se decide qué herramientas se necesitan para abordar el problema y se planifica.
Se comienza a trabajar.
- *Cierre:*

Evaluación:
- del taller.
- de cada participante.

"La evaluación individual resulta indispensable porque existe una tendencia en la idiosincracia nacional de que en las actividades grupales se proteje al más flojo y que no se lo sanciona por no cumplir satisfactoriamente con sus tareas.[45]"
El taller no debe confundirse con las actividades de aplicación ejecutadas a posteriori del aprendizaje teórico de un contenido. No es que esa manera esté mal; al contrario; también puede dar lugar a una clase muy activa y provechosa. Pero el taller tiene una secuencia inversa. Obedecen a dos propósitos distintos.

Talleres, seminarios, laboratorios parciales

En lugar de organizar el espacio curricular anual tomando como eje el taller, el seminario o el laboratorio o una secuencia de talleres, seminarios o laboratorios que abarquen todo el ciclo lectivo, se pueden planificar talleres, seminarios o laboratorios parciales que se integran dentro de un espacio curricular más tradicional.

---

[45] Barros, Nidia A. de. *El taller.* Buenos Aires. Humanitas.

6. Formarse en y para favorecer la autonomía

La autonomía se favorece, entre otras posibilidades:
- considerando algún grado de libertad en las situaciones de enseñanza,
- propiciando la metacognición.

La libertad

Hay tres grados de libertad:
- de aceptación,
- de opción,
- de proposición.

La *libertad de aceptación* se ejerce cuando interiormente se reconoce el valor de lo que alguien pide que se realice. Para ello deben fundamentarse los motivos de manera cuidadosa. En caso contrario, se obedecerá porque "no hay más remedio", pero sin convicción. Éste es el grado de libertad que con más frecuencia ofrecemos a los alumnos. Y, a veces, ni siquiera éste, porque no damos cuenta de las causas que hacen que algo sea obligatorio, y ejercemos así una forma de violencia simbólica.

La *libertad de opción* se ejerce cuando se dan varias posibilidades equivalentes, para elegir entre ellas, y queda claro que no hay sanción si la elección no coincide con la del profesor.

Un modo de ayudar al alumno a vivir mejor en un mundo en el que optamos permanentemente (¿voy en colectivo o caminando?, ¿leo *tal* cosa o *tal* otra? o ¿cuál leo primero?...) es, claro está, colaborar con él para que pueda realizar opciones que lo hagan cada vez más persona, que sean elecciones conscientes, de acuerdo con algún criterio, con ciertos parámetros, no *porque sí*. "La decisión es el gesto en el que nos apropiamos simbólicamente del futuro, la leve huella que intentamos dejar sobre su todavía inmaculada superficie"[46].

---

[46] Cruz, Manuel. *Hacerse cargo*. Barcelona. Paidós. 1999.

Enseñar a elegir es otro de los conocimientos operativos de los que se deben ocupar las instituciones educativas, aunque, a veces, los docentes subestiman o menosprecian la importancia de presentar opciones, "no ofreciéndolas lo más a menudo posible (...). Renuncian a ella cada vez que esto 'complica la vida' (...), supone problemas de organización", dice P. Perrenoud (2007).

En muchos casos, la libertad de opción se presenta sólo en áreas secundarias.

¿Por qué suele generar resistencia? Porque para ofrecer oportunidades de optar, hay que flexibilizar los vínculos entre objetivo, actividad y recurso o medio. Y hay cierta tendencia a considerarlos "un paquete" (en expresión del mismo Perrenoud). Y a eso estamos acostumbrados. Y el cambio siempre cuesta, aunque se reconozca su validez. No siempre la voluntad sigue a la inteligencia, acompañándola en su descubrimiento de lo bueno.

La *libertad de proposición* se ejerce cuando nos preguntan cómo hacer algo o dejan a nuestro criterio su realización. Es lo que solemos llamar *creatividad*.

La metacognición

La metacognición es un constructo que actualmente trasciende a la psicología cognitiva, para ser abordado asimismo desde la pedagogía. Es "un proceso interno, personal, autorreflexivo sobre nuestros propios procesos de pensamiento"[47] para no llegar a una solución sin saber exactamente por qué, casi como el burro flautista de la fábula. Etimológicamente, conocimiento más allá del *(meta)* –o sobre el– conocimiento *(cognición)*. El término lo acuñó John Flavell quien la define como "conocimiento acerca de los procesos cognitivos de uno mismo"[48]. Es el conocimiento "que nace de la **reflexión** sobre nuestros propios procesos cognitivos"[49] vale decir que deliberadamente vuelvo **(re)** a inclinarme **(flexión)** sobre *qué* hice, para tomar conciencia de

---

[47] Manuel, Esteban. "Consideraciones sobre los procesos de comprender y aprender". En: *Revista electrónica Red*. Diciembre de 2001.
[48] En: Resnik, Laura. *La naturaleza de la inteligencia*.
[49] Moreno, Amparo: "Metaconocimiento y aprendizaje escolar". Revista *C. de Pedagogía* (173): 52-58.

cómo lo hice y entonces poder emplear el mismo camino las veces que sea necesario en el fututro, sin transitar nuevamente por el ensayo-error; se logra así una forma más económica de proceder: lo azaroso se ha sistematizado. La reflexión se constituyó en un medio para que la mera experiencia se convierta en aprendizaje.

Javier Burón propone otras denominaciones como *conocimiento autorreflexivo* o *intracognición*. Nellman lo llama *metaconocimiento*. Jerome Bruner ha señalado la importancia que tiene para la educación el "distanciarse de lo que uno mismo conoce, empleando para ello la reflexión sobre el propio conocimiento"[50]. El objeto de conocimiento son ahora los procesos que se realizaron para llegar al conocimiento, ello implica que nos referimos a un objeto interno, a la actividad del pensamiento, "pensando en este caso sobre sus propias operaciones"[51]: es, por lo tanto, de segundo orden (un pensamiento acerca del pensamiento).

La metacognición es una revisión sobre cómo se hizo para aprender, cómo fueron los caminos interiores; es el momento de hacer conscientes los recursos intelectuales —operaciones de pensamiento— que se pusieron en juego; con ello se tiende a adueñarse verdaderamente de las herramientas de aprendizaje y a poder usarlas a voluntad (*feedback* interno). Es como construir un pañol mental (ampliar de manera progresiva la estructura interna) y tener allí ordenaditos todos los implementos y tomarlos según se perciba que se necesitan para la tarea (dimensiones selectiva y práctica).

Para decirlo con palabras más técnicas, la metacognición son los "procesos de evocación interior con los cuales quien aprendió reconstruye conscientemente las operaciones que efectuó durante su aprendizaje".[52]

El desarrollo del conocimiento, que según Piaget está en la base de todo aprendizaje, *ocurre en este nivel* de metacognición y no en el anterior (sólo cuando realizo la actividad).

De acuerdo con François Tochon, "es un conocimiento sobre el conocimiento" y es "*transdisciplinario*, pues va más allá de las disciplinas", vale decir que es transversal: las atraviesa a todas, y es un elemento en

---

[50] *Acción, pensamiento y lenguaje*. Madrid. Alianza. 2002.
[51] Vélez, Gisela. "La metacognición". *Revista IICE* (UBA), Mayo de 1996.
[52] Ministro de Educación Antonio Salonia.

común que subyace aun a las más distintas materias y que establece relaciones entre áreas que parecían inconciliables.

La metacognición representa "una dificultad por lo menos tan grande como la enfrentada en la solución de la tarea práctica"[53]; hace consciente lo inconsciente y nos torna en verdaderos dueños de nuestros recursos intelectuales y podemos, en consecuencia, emplearlos a voluntad la próxima vez. Lleva a centrarse tanto en los contenidos como en el proceso para arribar a ellos.

Conviene poner en común los resultados de esta metacognición, de estos diálogos interiores.

¿Por qué?

Porque cuando el alumno no puede resolver la tarea (en el gráfico sgte. P), o la resuelve con error, pero luego escucha de sus pares cuáles fueron sus pensamientos y recorridos mentales y entiende el porqué de éstos, está en su ZDP (lo que puede hacer asistido por otros); al interiorizar sus instrumentos intelectuales, adquiere autonomía (a partir de allí puede usarlos cuando quiere) es decir que los incorporó a su zona de desarrollo real, que, de ese modo, se ha incrementado.

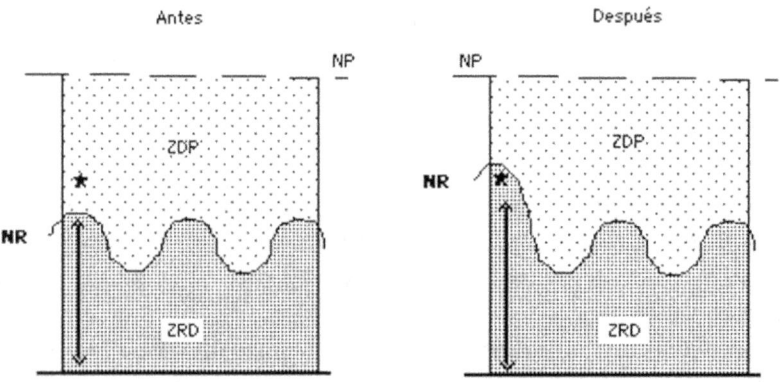

Como este momento de metacognición es también de socialización, es el verdadero espacio de aprendizaje porque al verbalizar un alumno, los otros advierten cuáles fueron los caminos cognitivos de su compañero y pueden apropiarse de esas herramientas.

Se logra una verdadera nivelación hacia arriba y se fomentan actitudes

---

[53] Ídem.

de solidaridad y de compartir, cuando los que saben más o mejor, al contar cómo lo hicieron, ponen sus talentos al servicio de los que saben menos.[54]

¿Propiciar la actividad de metacognición después de cada actividad de desarrollo lleva mucho tiempo? Sí, por supuesto. ¿Se pierde mucho tiempo y no se alcanza a enseñar todo lo que se quisiera? Ese valioso tiempo no hay que considerarlo gasto sino inversión ya que después se obtiene una ganancia: los alumnos aprenden más y mejor porque tienen dominio de sus propios procesos. Y una persona que aprende a aprender, puede hacerlo siempre: fuera de las horas de clase y también cuando ya egresó; porque quiere; porque necesita; para reciclarse profesionalmente en la adultez, para incorporar nuevos conocimientos demandados por su ámbito laboral; para satisfacer inquietudes personales; para no anquilosarse; para enriquecer su vida, para...

¿Le exige al docente un esfuerzo extra? No. Conduce los aprendizajes como de costumbre, sólo que luego de las actividades reserva un espacio para estos momentos de reflexión compartida. Es una estrategia que permite adecuarnos a los signos de los tiempos.

Recordemos, también, que los psicólogos cognitivos (John Nisbet, Janet Shucksmith y otros) han señalado correspondencias entre la conciencia metacognitiva y el rendimiento académico.

7. Formarse en y para fomentar la participación

¿Por qué participación? Porque la persona se caracteriza, de acuerdo con Víctor García Hoz por tres notas básicas: singularidad, apertura y **autonomía**.

Las instituciones educativas de cualquier nivel tienen que dedicarse a desarrollar esas tres características; justamente, la participación es una de las maneras de favorecer la autonomía ya que "encierra en su misma naturaleza dimensiones democráticas", agrega el pedagogo Migual A.

---

[54] Las actuales transformaciones culturales, científicas y tecnológicas adquieren una envergadura cada vez mayor, tornándose aún más necesaria la distribución equitativa de los conocimientos. *Diseño curricular, EGB 1 y 2*. Prov. de Salta. 1997.

Santos Guerra. Actualmente se espera que este orden democrático sea coproducido, que cuente con la participación institucionalizada de los alumnos.

Por otra parte, a mayor participación, más calidad educativa, porque si cada persona posee una porción de la verdad, cuantas más personas participen de un proceso, más "pedacitos" de la verdad estarán presentes y la actividad será, entonces, cualitativamente superior.

Pero no todos tienen que participar de la misma manera, porque no todos los participantes ocupan el mismo lugar en la gestión.

De acuerdo con sus roles sociales y su capacitación, se posicionan en distintos **niveles de participación**:

- *participar en la información* (nivel informativo): implica meramente estar informado sobre lo que se está haciendo o se va a hacer, o sobre los logros alcanzados. Es una participación pasiva, elemental, aunque es la condición previa.

  Requiere atender a los mecanismos y canales de información de los que nos valemos y a la cantidad y calidad de información que cada uno recibe. Es una participación simbólica.
- *participar en la actuación:* significa formar parte de lo que se hace o se va a hacer. Estamos en el plano activo o de la ejecución.
- *participar en la elaboración de proyectos específicos:* con voz y, si es pertinente, con voto, en la totalidad o en aspectos parciales del proyecto. Puede abarcar dos dimensiones:

  - *participar en la consulta* (plano consultivo). En esta dimensión se requiere la opinión de las personas, pero no tiene valor vinculante. Sólo se les concede voz. Condiciona pero no determina. Mide por adelantado el impacto que podrán tener las medidas. Para que haya verdadera consulta se necesita *garantía de libertad de expresión,* es decir, que no se produzca temor a medidas posteriores como consecuencia de las palabras; si lo hubiera, sería una seudoconsulta y un simulacro de participación sólo para conservar las formas.

  - *participar en la decisión* (plano decisorio). Además de voz, los participantes tienen voto.
- *participar en el control:* hacer el seguimiento y contralor de las acciones.

Estos tipos de participación no son buenos o malos en sí mismos. Será necesario evaluar la pertinencia de cada uno en función de la situación a la cual se busca dar respuesta.

Niveles de participación / Personas	Información	Actuación	Elaboración		Control
			Consulta	Decisión	
Alumnos	✓	✓	✓		✓
Docentes	✓	✓	✓	✓	✓
Padres	✓	✓			
Personal Administrativo	✓				
Personal auxiliar	✓				
Instituciones de la comunidad	✓				

Por ejemplo, este podría ser un cuadro que muestre los distintos niveles de participación de los actores en una institución escolar, en un momento determinado y para una situación particular:

Para llevar adelante una gestión participativa es imprescindible la delegación.

Asimismo, no se delega la responsabilidad total ni se entrega libertad total: el participante debe reportar periódicamente al docente y responder por sus actos: "Delegar no significa ausencia de supervisión" (Puglisi). Lo contrario es *laissez faire* y no delegación eficaz.

Se delega eficazmente cuando:
1) a todos los participantes les queda claro cuál es su rol, qué va a hacer cada persona o equipo, etc. Para ello la comunicación tiene que ser bien explícita, sin ambigüedades, sin sobreentendidos (que conducen a malosentendidos). Evidencia de lo contrario es escuchar expresiones del tipo de: "¡ah, yo creía que eso lo haría *tal* persona, o el equipo *tal*!";
2) se monitorea periódicamente la realización de las tareas para reorientar y empistar (proceso de seguimiento);
3) se evalúa a la finalización de la actividad.

Por el contrario, la delegación es *laissez faire* (dejar hacer) cuando:

1) se generalizan las indicaciones, diciendo, por ejemplo: "hagan esto"… sin aclarar cómo, cuándo, dónde, para qué, quién cada cosa;
2) no se supervisa la tarea en el transcurso para nortearla;
3) no se evalúa, o la evaluación es superficial, o se pide cuenta de responsabilidades que no fueron delegadas explícitamente ("¿cómo no hiciste *eso*?", y *eso* no le fue dicho con detalle al comienzo; o, "les dije que prepararan una clase sobre los ferrocarriles y no hablaron nada de los orígenes en Inglaterra". Nos preguntamos: ¿se les aclaró que incluía antecedentes desde lo más remoto?).

Es evidente que se diluyó el aporte específico que el docente como profesional debió aportar.

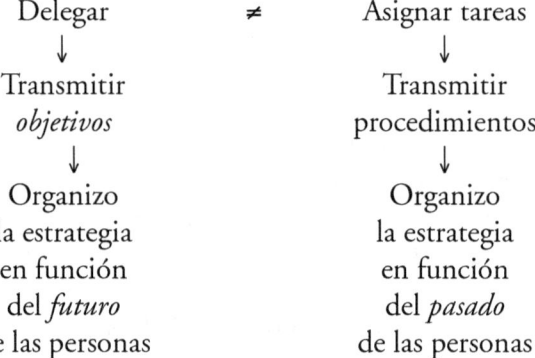

¿Cuándo no delegar?
- si el riesgo de error es demasiado grande,
- a personas dependientes o inseguras,
- a personas que ya tienen excesivas tareas.

Autotest: ¿Cómo delego?

Mis alumnos saben lo que se espera de ellos.

7   6   5   4   3   2   1

Involucro a mis alumnos al fijar objetivos, resolver problemas y proponer actividades para mejorar la tarea.

7   6   5   4   3   2   1

Al delegar, asesoro a mis alumnos sobre las características de la actividad.

7 6 5 4 3 2 1

Al delegar, pongo énfasis en los resultados que se esperan, no en cómo lograrlos.

7 6 5 4 3 2 1

Adaptado de: Maddex, Robert. *Delegating to achieve results.*

Según el grado de iniciativa hay tres *clases de participación:*
- *Espontánea:* las personas toman la iniciativa de participar.
- *Inducida:* promovida, alentada, etc.
- *Obligatoria:* no se puede *no* participar.

Se puede acudir a cualquiera de estas clases. Cada una tiene ventajas y limitaciones, las que habrán de analizarse para decidir cuál tener en cuenta.
Es menester que la participación sea evaluada, al igual que todas las acciones humanas intencionales y teleológicas.
Esa evaluación se integra de dos etapas sucesivas:
1º) Cada integrante piensa su valoración respecto de lo realizado.
2º) Se confrontan las apreciaciones individuales.
La evaluación requiere de instrumentos para ser realizada eficazmente. Para evaluar una tarea participativa, el instrumento sugerido es la **Lista/inventario de control** *(check list).*
Consiste en una lista en la que se incluyen bajo el modo de afirmaciones o aseveraciones, todos los rubros que se desee evaluar.
- En los participantes de menor edad (o en todos, si no tienen mucha experiencia en evaluar trabajo participativo), de respuesta por *SÍ/NO.*
  Ejemplo:
  La comunicación fue siempre bien explícita, sin ambigüedades, sin sobreentendidos.
  SÍ NO (Tachar lo que no corresponda)

- En los alumnos de mediana edad (o aun en los mayores si no son muy expertos en evaluación) puede ser una *escala cualitativa*, que valora descriptivamente con estimaciones expresadas como percepciones genéricas.
  Ejemplo:
  La comunicación fue bien explícita, sin ambigüedades, sin sobre-entendidos.
  SIEMPRE - A VECES - NUNCA (Tachar lo que no corresponda)

- En los más grandes y en los adultos, inclusive puede usarse una *escala cuantitativa* o unidireccional con cinco rangos (de 1 a 5), en la que se puntúa la intensidad de la preferencia.
  Ejemplo:
  La comunicación fue siempre bien explícita, sin ambigüedades, sin sobreentendidos.
  1   2   3   4   5
  (Redondee el número que mejor exprese su apreciación; considere que 1 es el puntaje más bajo, vale decir, si la comunicación usualmente no fue bien explícita…)

Es factible expresar esta escala en un gráfico de estrella. Cada dimensión se corresponde con una de las afirmaciones.

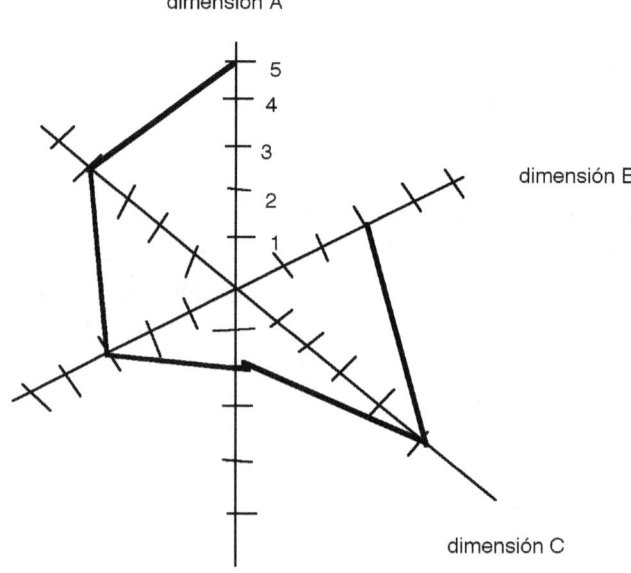

La participación y el trabajo en equipo

Con frecuencia, un modo de favorecer la participación, aun en pequeña escala, es proponer el trabajo en equipos.

Trabajar en equipo no es hacer juntos lo que se podría hacer individualmente con igual o superior calidad: el trabajo en equipo es un medio y debe usarse cuando presente más beneficios que obstáculos; tampoco es observar cómo efectúa la tarea encomendada una de las personas que lo integran; mucho menos es yuxtaponer tareas que efectúa cada uno por su lado de manera previa: hay que diseñar actividades que conlleven a una verdadera cooperación, a compartir, a considerar la multilateralidad de perspectivas, a negociar, a materializar la idea de cognición distribuida[55].
Hay equipos y seudoequipos. Que haya un grupo humano no garantiza que se comporte como un equipo de trabajo. Es una falacia creer que la creación de ámbitos comunes lo asegura.
Tres notas esenciales caracterizan al equipo:
- tiene una meta (propósito, objetivo, etc.) cuya fijación conviene que sea compartida y que nortea la comunicación interpersonal para que sea fluida y produzca confianza para expresarse;
- se toman decisiones consensuadas, o, siendo imposible, mayoritarias; en último caso, por azar, ya que deja el peso de la decisión justamente fuera del equipo y es la única opción que no permite crecer como personas a sus integrantes. Lo importante es que el equipo debe ser operativo, razón por la cual tiene que decidir de alguna manera para no paralizarse en su accionar;
- se distribuyen las tareas entre sus integrantes y cada uno se hace responsable de lo encomendado, aunque todo el quipo sea solidariamente responsable de lo que produce, por lo cual cada miembro estimula a los demás a cumplir con lo asignado y se ayudan.

Algunas ventajas del equipo respecto del gran grupo son:
- Multiplica el tiempo de habla del cual puede disponer cada uno.
- Una persona poco segura de sí, generalmente prefiere expresarse

---

[55] Perkins, David. *La escuela inteligente.* Barcelona. Gedisa. 2003.

ante un pequeño grupo de pares antes que en presencia del docente y del gran grupo.

Roles positivos y negativos

En un equipo, todos los integrantes desempeñan roles (papeles, actuaciones), que se clasifican en positivos y negativos para la tarea. Normalmente, durante una sesión de trabajo, voluntaria o involuntariamente, van rotando entre los integrantes, aunque, a veces, se cristalizan. Ejemplificaremos con los más usuales.

Roles favorecedores de la producción (tienen más que ver con el producto)
* Proponer ideas.
* Ofrecer y pedir información centrada en lo que se está haciendo.
* Pedir y dar opiniones pertinentes al tema.
* Sintetizar.
* Controlar el tiempo.
* Registrar lo más importante de lo que pasa en el seno del equipo (distribución de tareas, conclusiones, dudas pendientes para la próxima reunión…).

Roles favorecedores de la cohesión (se relacionan especialmente con el proceso)
* Conciliar.
* Facilitar la comunicación.
* Transigir, ceder.
* Disminuir la tensión.
* Proponer acuerdos.

Roles negativos más perjudiciales
* Bloquear, obstaculizar, oponerse porque sí.
* Retraerse, no participar.
* Ocultar información.
* Competir con otros miembros, en lugar de cooperar.

Organizar el trabajo en equipo lleva a mirar especialmente la puesta en común en el gran grupo, es decir, cómo hacer para que todos los equipos lleguen más o menos al mismo tiempo a ese momento: si algunos terminan mucho antes, se producirán, probablemente, conductas disruptivas, "porque no tienen nada que hacer".

8. Formarse para articular interáreas, interciclos e interniveles

Consideremos la definición de *articulación* ofrecida en el Pre-Diseño Curricular para la Educación Inicial del GCBA: "El *concepto de articulación* se refiere a la unión o enlace entre partes. Esto supone reconocer que las partes son distintas entre sí y a la vez forman parte de un todo".
Continúa diciendo ese documento: "Este primer nivel de reconocimiento de las diferencias conlleva un **necesario** trabajo en conjunto."[56]
Esta definición implica que la articulación debe ser más que una sumatoria de hechos aislados: tiene que ver con la gestión institucional, con el funcionamiento institucional, con el PEI.
La articulación es una condición de la *calidad educativa*, ya que los alumnos cuyos docentes articulan aprenden mejor: se amenguan las rupturas, porque la articulación favorece la continuidad de los aprendizajes, la gradualidad y el pasaje no traumático interaño e interniveles. Esa articulación da cuenta de una idea ecológica del desarrollo (ecología social) que va más allá de la concepción de sucesión de fases definidas y diferentes, y se evitan así quiebres en los puntos nodales de la escolaridad.
Es necesaria porque es **cualitativamente** superior a la *contigüidad* (el simple pasaje de un año a otro). Fundamenta Miguel Ángel Zabalza al afirmar que en la contigüidad "no hay interacción entre las partes, sino simple inmediación". Mientras que "en la *continuidad* se produce un intercambio entre las partes conectadas; ambas se comunican, interactúan, se modifican y se condicionan mutuamente".
Esto que es una fortaleza, puede ser también un riesgo: si esas partes se supeditan una a otra, pierden la identidad. Todo consiste en no franquear el límite, y en considerar a la par la riqueza y la dificultad

---

[56] 1999. *Marco general*. Pág. 32 (El destacado es nuestro).

de la tarea, logrando unidad en la diversidad y cohesión a partir de las diferencias, para desembocar en un tránsito fluido.

Se fundamenta en la idea de la escolaridad "como proceso global y continuo, a lo largo del cual los sujetos van creciendo y educándose con un sentido unitario"[57].

Para garantizar esa continuidad hay que generar una "trama articular" (Harf). Es el único modo de no perjudicar a los alumnos y de evitar el fracaso escolar.

Otro fundamento de la articulación es que las instituciones que articulan poseen un *éthos pedagógico* superior, entendiendo éthos como "tono, carácter, estilo que caracteriza una institución", sentido que le da Peter Mc Laren[58].

Hay dos tipos de articulación:
- horizontal
- vertical

La **articulación horizontal** o de extraescuela refiere a los procesos de coordinación entre diferentes contextos educativos (familia, instituciones, otras escuelas) y está en relación con la idea de «escuela abierta»; se entiende que ésta no puede ser un reducto infranqueable en el que se aprendan cosas alejadas de las experiencias vitales de los alumnos. Su finalidad es impedir que la institución sea autorreferida.

La **articulación vertical** o de intraescuela refiere a los procesos de coordinación entre grupos de diferentes niveles de escolaridad. Puede ser inter o intraciclos. ES imprescindible porque dos docentes diversos se responsabilizarán sucesivamente del mismo grupo, que no debe perjudicarse con el cambio.

Para construir un "puente" de articulación es necesario un conocimiento mutuo de los contenidos y las formas de trabajo de "ambas orillas".

Implica una comunicación de doble vía, sin prejuicios, que vincule productivamente ambos años con eje en un "hacer" compartido. Hay que establecer espacios de coordinación efectivos que desemboquen en proyectos concretos.

Construir un trayecto educativo continuado se basa en la ampliación de las perspectivas que constituyen el horizonte de cada fase. Se tra-

---

[57] Zabalza, M. *Calidad educativa*. España. Narcea. 1996. Cap. 1.
[58] *La escuela como perfomance ritual*. México. Siglo XXI. 1995.

ta de conectar los aprendizajes (las fases subsiguientes del proceso) como se conectan las etapas de construcción de un edificio, por ejemplo. No se pierde de vista la identidad formativa de cada año ni se olvida la diversidad aunque se atienda a la continuidad de las dos estructuras.

En síntesis: la articulación puede abordarse a diferentes niveles y desde distintas ópticas en cada institución. Lo indiscutible es que "pertenece al corazón mismo del discurso didáctico" (Argos).

9. Formarse en y para fomentar la resolución de problemas y el trabajo por proyectos

¿Qué es un problema?

Un problema es una situación:
- que entraña un no saber; un no saber resolver, dice Herbert Simon;
- "que presenta un cierto obstáculo, una cierta dificultad", añade Claudia Broitman[59];
- cuya resolución significa un desafío[60];
- en la que se advierte una incompatiblilidad entre dos ideas;
- es algo que compele a pensar, que obliga a una invención, agrega Gilles Deleuze.

Hay que incluir ABP (Aprendizaje Basado en Problemas) en la escuela porque la vida es resolver problemas y...
- ¿no estamos de acuerdo en que la escuela debe abrir las puertas a la vida y dejar que entre a raudales, para vitalizar los aprendizajes y hacerlos socialmente signficativos?
- ¿no estamos de acuerdo en que la escuela es el lugar privilegiado para aprender todo lo fundamental que se necesita para la vida, tutorados por los docentes? ¿No es esa su función principal?

---

[59] Entrevista en revista *12ntes* (3): 13, mayo de 2006.
[60] Ver Lotito, Liliana. "Desafíos de las prácticas". Revista *12ntes* (3): 12, mayo de 2006.

Puede pensarse que resolver problemas es sólo propio del ámbito de la Matemática. Sin embargo, la resolución de problemas tiene "un amplio panorama de aplicación en diferentes campos disciplinares"[61] porque en la vida todos resolvemos problemas permanentemente, y no siempre vinculados con los números. A veces tienen que ver con tomar decisiones de la más variada índole.

Es importante que en las actividades del aula la *distinción entre ejercicios y problemas* esté bien definida. En la medida en que son situaciones más abiertas o nuevas, la solución de problemas supone para el alumno una demanda cognitiva y motivacional mayor que la ejecución de ejercicios.

Es un mero ejercicio cuando puede ser resuelto a partir de la aplicación *directa* de la experiencia anterior, sin necesidad de usarla estratégicamente, porque la situación no supone nada nuevo.

En el problema no se accede a la solución *solo* a través de la memoria.

Los problemas pueden clasificarse en:

- **prácticos, reales o exógenos** (están motivados por una necesidad de actuar, de resolver una situación práctica específica); son emergentes del contexto de la vida social.

  Por ejemplo:

  ¿Cómo incrementar los libros de la biblioteca del aula?

  ¿Cómo realizar una entrevista? (¿dónde buscar la información previa respecto del entrevistado?, ¿cuál será pertinente?, ¿cómo seleccionar las preguntas?, ¿cómo secuenciarlas?, ¿cómo encarar la entrevista cuando el entrevistado ya está frente a nosotros?, ¿cómo darle cierre?, ¿de qué modo agradecer al entrevistado?, etc.)

  ¿Cómo participar en un debate? (¿de qué modo prepararse?, ¿cómo prever lo que dirá la persona con la cual debatiremos?...)

- **intelectuales, especulativos, epistémicos o endógenos** (están motivados por una necesidad de comprender, de saber, más precisamente, una necesidad de conocer); son internos a cada disciplina, se centran sobre la epistemología de la disciplina.

---

[61] Tosos, Alejandro. "Aprender a pensar". *Novedades educativas* (156): 28-32, diciembre de 2003.

Por ejemplo:
Escribir un relato en el que un objeto de uso cotidiano, de pronto, comience a evidenciar cualidades inusuales (¿cuál será el objeto más impactante para el destinatario del texto?, ¿en qué consistirá la modificación?, ¿cómo será el argumento?, ¿qué vocabulario usar de acuerdo con el destinatario?, ¿qué sintaxis?)

Los problemas realizan una doble función:
- **de enseñanza:** se aprenden contenidos de la disciplina, se consolidan o se comprueban;
- **de desarrollo o sustancial:** instrumenta para futuros aprendizajes, favoreciendo de ese modo la autonomía del alumno (decidir, dentro de ciertos límites, acerca de su proceso de aprendizaje), base de la educación permanente, que no es sólo acumular grado académico sobre grado académico, sino poder aprender siempre que se quiera o se necesite.

Ambas son funciones de igual importancia y no se ejercen independientemente.
"El verdadero objetivo final de que el alumno aprenda a resolver problemas es que adquiera el hábito de (…) resolver problemas como forma de aprender" (Pozo): aprender a resolver problemas y resolver problemas para aprender.
Recordemos que un problema se puede caracterizar como una cuestión que exige investigación.
En cada área del saber, se abordan de un modo distinto. "Sin embargo, hay un denominador común a todos los problemas: su carácter de tensión, de ignorancia consciente".[62]
Poner el eje en los problemas requiere una "actitud teórica" distinta de la que se requiere al poner el eje en las soluciones y lleva a una modificación grande "en el planteamiento metodológico de la clase"[63]: el trabajar con problemas cambia cualitativamente la situación convencional en que se encuentran el docente y los alumnos en una clase.

---

[62] Bertolini, Marisa. *Materiales para la construcción de cursos.* Montevideo. AZ. 1997.
[63] Ídem.

El planteamiento problemático conduce a una mejor intelección de los contenidos y a una mejor comprensión de la información.

Los problemas seleccionados deben referirse, al menos en parte, al mundo concreto que el alumno está viviendo. Esto traerá consigo un tratamiento más directo de las cuestiones y aumentará la motivación para el análisis y la reflexión. Pero no pueden ser sólo los problemas que tengan sentido al presente para el alumno, porque los empobrece ya que responden a sus intereses espontáneos y nadie es capaz de proponerse un problema que atañe a una realidad que no conoce. Sin embargo, el docente sí la conoce, sabe que es importante que el alumno también la conozca. Es un componente del rol docente el abrir horizontes.

Tampoco es bueno plantear problemas sólo correspondientes a la realidad cotidiana, que no impliquen un requerimiento de información y contenidos. Así solo sería un entretenimiento, más propio de una charla de café.

Trabajar con problemas lleva a la dinámica del preguntar, lo cual vuelve más humano al hombre, ya que es quizás la única especie que se hace preguntas.

La pregunta manifiesta:
- estructura dialógica,
- actitud anticipatoria.

Explicita la tensión entre lo ya sabido y lo que todavía se ignora, aunque está por saberse.

Toda pregunta supone un contenido: mejorar la capacidad de formular buenas preguntas implica comprender la actitud interrogativa como un componente básico de cualquier trabajo conceptual.

La actitud de los docentes frente al ABP es muy importante. La atmósfera de trabajo debe contribuir a que los alumnos se arriesguen a preguntar o a contradecir.

Los proyectos

La organización concreta de la solución de un problema desemboca en un proyecto. Y, correlativamente, no hay verdadero proyecto si no parte de la necesidad de resolver un problema.

"En el uso corriente, la palabra proyecto se utiliza para designar el propósito de hacer algo. En sentido técnico, el alcance del término es similar: se trata de una ordenación de actividades y recursos con el fin de producir algo" (Biaiñ). Proyectar es una característica del ser humano que lo distingue de los demás seres vivos.

Cualquier proyecto se organiza en dos etapas sucesivas:

1ª) Diseño

2ª) Ejecución

Y el *diseño* se estructura en:

* objetivos   PARA QUÉ

  Definir la situación a la que se desea llegar. *En una primera formulación,* los objetivos pueden expresarse en términos generales, para dar una idea global de la situación deseable.

  Pero después, deben redactarse en términos precisos, de modo que queden aclaradas las modificaciones concretas a las que se espera arribar.

* contenidos   QUÉ

  A qué contenidos se cree necesario acceder para solucionar el problema.

* actividades   CÓMO

  Cada objetivo debe ser sostenido por una o más actividades; la formulación debe ser hecha con claridad para identificar qué recursos se requieren, además deben ser coincidentes con recursos y costos posibles.

* recursos

  Deben identificarse los recursos que las actividades previstas requieren. Los recursos deben ajustarse a lo disponible, cualquiera sea su tipo: humanos, materiales, financieros.

  • *humanos*   QUIÉNES

  Hay que identificar las funciones a realizar, indicando quién es responsable de qué.

  • *materiales* (equipos, herramientas, instrumentos,   CON QUÉ infraestructura física, etc.).

  • *financieros* (estimación de los fondos con indicación de las diferentes fuentes con que se podrá contar; prever 5% para imprevistos).

En algunos proyectos puede incluirse la participación de personas o instituciones ajenas a la escuela donde se realiza el proyecto.
En todos los casos las responsabilidades, funciones o aportes deben especificarse con claridad.

* calendarización   CUÁNDO
El cronograma distribuirá las estrategias del proyecto en el tiempo. Esto permite juzgar la factibilidad del proyecto: establecer si existe una distribución uniforme del trabajo, si los plazos son realistas, si se considera el tiempo suficiente para obtener los productos básicos que se necesitan como insumos para otras actividades, si el tiempo asignado a cada actividad es adecuado o hay desajustes, etc.
Conviene graficar el cronograma en un diagrama de Gantt.

• evaluación
Compara lo ocurrido en un proyecto con la planificación.

— *del proyecto*
El sentido de la evaluación consiste en analizar la marcha del proyecto con el propósito de tomar decisiones de diversos tipos. Por ejemplo: utilizar nuevos recursos, revisar los objetivos en relación con los logros obtenidos hasta el momento, redistribuir funciones, proponer nuevas metodologías, etc. Con carácter general podría afirmarse que se trata de tomar colectivamente decisiones que permitan garantizar al proyecto la mejor marcha posible, y, al mismo tiempo, poder informar sobre sus niveles de avance.
— *de cada alumno*

Proyecto, interdisciplina, trabajo práctico, centro de interés

El proyecto es una propuesta verdaderamente interdisciplinaria, a diferencia de otras que lo son sólo en apariencia.
Estamos habituados a hablar de interdisciplinariedad de una manera laxa. Solemos decirle interdisciplina a diferentes tipos de articulaciones o entrecruzamientos que se realizan entre distintos saberes. Convendría precisar:

Clase de entrecruzamiento de saberes	Se centra en…	Tipo de comunicación entre las disciplinas
Multidisciplina	Temas	Simétrica
Pluridisciplina		
Interdisciplina	Problemas	Asimétrica

Aunque el proyecto es una propuesta eminentemente práctica, hay diferencias respecto de lo que habitualmente entendemos por *"trabajo práctico"*, lo cual no quiere decir que esté mal la realización de un trabajo práctico: son enfoques didácticos distintos.

Trabajo práctico	Proyecto
La **actividad** está en función del **conocimiento**.	El **conocimiento** está en función de la **actividad**.
La realización de la **actividad** es un medio y la **información** un fin.	La **información** es un medio y la realización de la **actividad** es el fin.
La necesidad de hacerlo es sentida por el docente.	La necesidad de realizarlo es sentida por los alumnos como solución de un problema.[64]

Los proyectos también se diferencian de los "**centros de interés**".

Característica	*Centro de interés*	*Proyecto*
Sentido de la globalización	Sumatoria de materias	Integración
Rol del alumno	Ejecutor	Copartícipe
Tratamiento de la información	La presenta el docente	Se busca con el docente

Proyectos: papel de los conocimientos

En un proyecto "los conocimientos que se adquieren deben considerarse como medios y utilizarse en la medida en que contribuyan a lograr el fin. No debemos, por tanto, aprovechar las asociaciones que por similitud o contigüidad nos ofrezcan otros conocimientos colindantes ni introducirlos en el transcurso del proyecto con el afán de correlacionar

---

[64] Conceptos tomados de Ma. T. Cano.

(...). Si tales cosas hacemos, corremos el riesgo de destruir (...) el proyecto (...). Debemos pues, utilizar solamente aquellos conocimientos e informaciones que necesitamos para realizar el proyecto; y darle a esos conocimientos exclusivamente el valor de medios que deben tener para conducirnos al fin preconcebido (...). Hay que tener un sentido de prudencia para no extenderse en las asociaciones indebidamente, y ese sentido lo da esta regla: no alejarse del propósito central" (Cano).

10. Formarse para la resolución de conflictos

Una encuesta americana informa que un adolescente que haya visto televisión entre tres y cuatro horas diarias, ha presenciado alrededor de 100.000 agresiones y aproximadamente 8.000 homicidios. Ante esa carga, es imposible que el tiempo que transita por la escuela sea apacible: ese monto de angustia se exterioriza en conflictos que obran de "válvula de escape", especialmente en estos momentos de anomia social (ciertos valores aceptados hasta ahora se han diluido o se están diluyendo, sin que sea fácil ver con total claridad el horizonte).
La solución de conflictos no consiste, simplemente, en decir: "No peleen más y háganse amigos; hay que perdonar", "La paz es un valor, tenemos que defenderla", "Es mejor vivir en armonía" o expresiones similares. No porque no sean verdaderas, sino porque no son palabras mágicas: no crean el hecho. No hay un "Ábrete, sésamo" en este campo.
Por otra parte, el conflicto no es ni bueno ni malo en sí mismo, no es intrínsecamente negativo: forma parte de la vida de un modo inevitable y manifiesta una capacidad de pensar distinto. Siempre que hay que decidir, aparece el riesgo de no acordar. Por eso, para potenciar el lado positivo del conflicto (la diversidad y el enriquecimiento que conlleva) hay que generar modelos nuevos de organización de la convivencia, modelos nuevos de orden, modelos heterárquicos (diferentes de los modos de relación instituidos) con la participación de todos, por supuesto. Entonces, es menester que el docente:
- sepa asumir situaciones conflictivas abordando un tema a la vez, sin inclinarse a favor o en contra de..., sin permitir pulseadas, interrupciones en el habla del otro, expresiones agraviantes,

golpes, burlas, recriminaciones por el pasado, daños a objetos o sabotaje (aceptar verbalmente una indicación pero después actuar en sentido contrario); intentar generar el mejor clima posible (seguro, confiable, cálido, etc.), traduciendo "el lenguaje de los litigantes, cargado de valores o de juicios, a términos con menor contenido emocional" –agrega Christopher Moore–; tratar de diluir tensiones, desechando la fórmula *ganar-perder* y asentándose en la idea de *ganar-ganar*, porque nadie pierde en el acuerdo: las soluciones tienen que ser de recíproca satisfacción subjetiva para impedir la escalada del conflicto;
- diferencie los tipos de conflicto para reconocer el dominante en cada situación y obrar en consecuencia, aunque siempre todos los tipos formen parte de cada disputa.

Usando la clasificación de Donald Sparks, se discriminan en: *de recurso, de método* y *de valor*, este último es el más difícil de resolver ya que suele vincularse emocionalmente con una convicción y los seres humanos no modifican con facilidad los sentimientos intensos. Además, las personas, a veces, dicen una cosa mientras que sus sentimientos son distintos y eso confunde a los participantes; en otras oportunidades, las personas no se expresan con claridad porque ellas mismas no lo tienen claro: el conflicto adquiere un matiz difuso para los propios interesados y el terciador tiene que ayudarlos a ordenar sus ideas y pensamientos, a clarificar sus objetivos, intereses, necesidades o deseos, a comunicarse mejor, a analizar, a tomar decisiones.
- disponga de estrategias/herramientas de mediación para cumplir un rol de intermediario, de puente, de nexo, de ayuda a las partes para ponerse de acuerdo, de moderador que encauza el diálogo entre quienes hablan y deciden cómo solucionar su conflicto, que son los mismos protagonistas; esto implica conocer modelos de resolución de conflictos, como el tradicional lineal de Harvard, el modelo transformativo de Robert Bush y Joseph Folger, el modelo circular-narrativo de Sara Cob.
- pueda gestionar la **nueva convivencia en las aulas**, que abarca mucho más que *controlar* la indisciplina y la violencia.

El educador Alejandro Castro dice que también "existe consenso mundial acerca de la urgencia de *prevenir* conflictos", observando, anticipando y diseñando cursos de acción alternativos que reduzcan la frecuencia de aparición de problemas y su duración. Los conflictos son oportunidades para hacer aprendizajes sociales y crecer. Pero habitualmente, hasta que no se producen conflictos grandes en la escuela, no se prevén tiempos ni espacios para reflexionar respecto de ellos, "en un clima menos crispado", aclara P. Cascón; y continúa: "Uno de los problemas con el que nos encontramos a la hora de abordar un conflicto es que respondemos en forma inmediata (acción-reacción), y nos faltan referentes sobre cómo enfrentarlo de una manera diferente de la violenta: y a eso hay que dedicarse previamente. Y eso es una forma de prevención, o de "provención", como lo llama John Burton, para quitarle su connotación negativa de no hacer frente al conflicto, de evitarlo, de no ahondar en sus causas profundas, de no dejar que aflore todo lo que hay adentro. La *provención* es algo así como crear el clima más adecuado y propiciar las relaciones cooperativas que, correlativamente, disminuyen la oportunidad de estallidos o crisis, procurando aprender a solucionar las contradicciones antes de que se conviertan en antagonismos.

Si bien en la base de la prevención y de la solución de conflictos siempre, siempre está la tolerancia, ese valor no puede permanecer en el plano discursivo, declarativo, meramente descriptivo: hay que avanzar hacia lo actitudinal. Y esto requiere de acciones intencionales de parte del docente que puede valerse de sencillos recursos, entre otros, la **escucha activa**, la **estructuración** y las **técnicas de visualización.**

Si queremos interrumpir el *círculo vicioso* de la violencia y la guerra en el orbe y transformarlo en un *círculo virtuoso*, tenemos que aprender y enseñar a tratar los conflictos en forma no violenta: la escuela es un modelo a escala del mundo y es la pequeña porción sobre la que puedo/debo intervenir para hacer mi aporte a la humanidad. Con estas herramientas simples, entre otras, es factible empezar a pensar en una **Educación para la Paz**.

La **escucha activa** es un modo de escuchar con atención al otro, para comprenderlo.

Incluye principalmente:
- *demostrarle interés* para que advierta que no sólo lo estamos oyendo; por ejemplo, preguntándole para que continúe y abunde; usando indicadores no verbales como asentir con la cabeza…

- *parafrasear:* repetir con las propias palabras lo que otra persona dijo, es decir, no expresando nuestras opiniones ni conjeturas, sino procurando reproducir las ajenas[65], porque la finalidad es comprender el mensaje del prójimo. De esta manera hasta se pueden llegar a mejorar las relaciones humanas (se denomina "cambio de valencia" del conflicto: se positiviza).

El parafraseo, de acuerdo con George Strauss y Leonard Sayles, es útil para:
- mostrar al interlocutor que se está prestando atención a sus ideas, por eso pudo reproducírselas,
- dar una oportunidad para que el interlocutor repita sus ideas, si le parece que no se lo ha entendido bien,
- destacar lo que de veras ha estado diciendo el interlocutor. Con frecuencia, los seres humanos se sorprenden al darse cuenta de que sus palabras significaron otra cosa para otras personas.
- *reflejar:* preguntar sobre los sentimientos de la persona que estamos escuchando;
- *resumir:* agrupar, ordenar y sintetizar la información que ofrece el que habla; dar un sumario sin que se evidencie aprobación ni desaprobación;
- *clarificar:* intervenciones del que escucha para aclarar qué se dijo o sucedió, cómo ocurrió, etc.; puede ser un pedido de ejemplo para ilustrar.

La **estructuración** consiste en intervenir con firmeza controlando el desarrollo del diálogo dentro del grupo, para mantener el orden y la dirección del proceso de mediación acentuando su carácter de "procedimiento no adversarial"[66], siempre con expectativas por el futuro y teniendo en cuenta que la meta no es ganar o perder, sino conducir para acordar integrando posturas y preservando la relación de los integrantes con el objetivo del beneficio mutuo. Implica no negar o minimizar (por ejemplo, decir: "Pobre, está pasando por un

---

[65] Así se produce "un sentimiento de ser tenido en cuenta" dice M. Inés Seoane. "La mediación, herramienta que promueve el diálogo". Rev. *La Obra*, n° 938, agosto de 1999.
[66] Ministerio de Justicia de la Nación. *Mediación*. Proyecto Piloto.

momento difícil" o "Son chiquitos... se les va a pasar" o "Fue una pequeña confusión").

Las **técnicas de visualización** como los juego de rol, los juegos de simulación, el teatro, los títeres, etc., permiten, como su denominación lo indica, visualizar el conflicto:
- distanciarnos para advertir las distintas percepciones;
- ponernos en el lugar del otro y de las otras percepciones del conflicto para intentar comprenderlas y hacernos una idea más completa de él;
- ayudarnos a analizar trascendiendo la apariencia externa y tratando de llegar a sus causas profundas, descubriendo así las necesidades insatisfechas que provocaron el conflicto;
- ensayar, a modo de minilaboratorio, algunas soluciones.

Esta metodología es lo que en el marco de la **Educación para la Paz** se llama "enfoque socioafectivo": tener una experiencia en primera persona de la situación en cuestión, vivenciar en la propia piel.

Algunas propuestas para preparar al grupo de alumnos en estas posibilidades

a) Organizar al gran grupo en subgrupos de tres alumnos:
- dos discuten algunos breves minutos acerca de un tema, intentado usar los verbos en *modo indicativo* (modo que indica hechos reales, no conjeturas ni meras posibilidades o deseos), preferentemente, en *presente* y siendo precisos con relación a situaciones, objetos o personas que se nombren y evitando adjetivos calificativos que rotulan y parecen manifestar juicio de valor;
- el tercero observa tan neutralmente como puede y con tanta imparcialidad como sea capaz y procura que se respete la regla. ¿Qué regla? La siguiente: el primer participante expresa su opinión; el interlocutor debe empezar su intervención parafraseando. El alumno parafraseado, si no está de acuerdo con la síntesis, es decir, si estima que no fue bien comprendido, vuelve a explicarse. Recién cuando el parafraseo le satisface (cuando el resumen que hizo su compañero demuestra que comprendió sus ideas, el segundo alumno puede rebatir la opinión). Está claro que si no se escuchó con atención la opinión ajena, no se podrá emitir la propia, porque es prerrequisito.

Después del lapso acordado, se evalúa cómo se sintieron los participantes, si fue difícil respetar la regla (en caso afirmativo, se intenta buscar el porqué), etc.

b) Desarrollar conceptos útiles en mediación junto con otros contenidos curriculares.
Los conceptos centrales serían:
- *posición* (¿qué quieren las partes? –sus pretensiones, lo que cada uno reclama para sí–),
- *interés* (¿para qué lo quieren?),
- *necesidad* (¿cuáles son las necesidades subyacentes?),
- *generación de opciones* a partir de una lluvia de ideas,
- *evaluación de opciones* a fin de encontrar las que son aceptables para ambas partes, construyendo lazos entre ellas y respondiendo a las características: ser realista, ser factible.

Por ejemplo, en *Historia*, podrían simultanearse con el eje Revolución de Mayo: ¿qué querían los patriotas?, ¿qué querían los españoles?, ¿qué otros grupos formaban parte del conflicto?; una vez identificadas las posiciones, preguntarse: ¿para que lo querían?, ¿qué necesitaba cada grupo?; evaluar qué otras alternativas había y cuál hubiera sido la consecuencia si las hubieran llevado a cabo, es decir, inferir qué sucedería según sea la forma en que se resuelva el conflicto.

En *Geografía*, podrían abordarse esos conceptos clave al mismo tiempo que algún conflicto de límites, planteando similares preguntas.

Y en *Literatura*, preguntando en función de un conflicto entre personajes de una ficción[67].

c) Entrevista a un amigo/a o a un familiar o vecino, valiéndose de preguntas como:
¿Qué es para usted un conflicto? ¿Cómo resuelve usted los conflictos? Y otras que se decidan de antemano con los alumnos.
Luego, en el aula, se ponen en común y se examinan las respuestas, cotejándolas con las afirmaciones a las cuales se llegó en clase

---

[67] Ideas de: Gómez, Ana. *Diario Norte*, Supl. Escolar, 22 de abril de 2000.

previamente; o, a la inversa, primero se encuesta y después se construye el conocimiento tomando como base lo que contestaron los encuestados.

d) Identificar los conflictos del aula o de la escuela mediante un *buzón* donde alumnos, docentes, padres, directivos, administrativos, personal de maestranza y portería, ordenanzas, custodia, integrantes de la cooperadora, de la unión de padres de familia (o similar) u otros miembros de la comunidad educativa dejan sus descripciones de los conflictos. En algunas oportunidades será un buzón para todos los estamentos; en otros, exclusivo para algunos, no necesariamente siempre los mismos, sino variables según la índole de los conflictos que se apunte a relevar. "Este buzón puede estar permanente o por un tiempo determinado"[68]. Terminado el tiempo o con cierta periodicidad, de acuerdo con su temporalidad o permanencia, se analizan las situaciones descriptas intentando ver todas sus facetas, se clasifican y se procura resolverlas.
Esta toma de decisiones requiere la consideración de los detalles, que reside en el hemisferio cerebral izquierdo; luego, hay que poner en juego la capacidad creadora, propia del hemisferio derecho y, por último, someter lo propuesto a verificación, momento entroncado con la lógica nuevamente del hemisferio izquierdo.

e) Analizar conflictos que aparezcan en televisión, en películas, en videos o DVD, en obras literarias. Iniciar su tratamiento con una "radiografía" antes de proponer estrategias de intervención que consideren la satisfacción de los involucrados, porque si no quedan satisfechos o si el sacrificio es excesivo (es decir, si no hay equilibrio entre satisfacción y sacrificio eventual), los acuerdos que puedan lograrse durarán poco —escasa perspectiva del acto de conciliación— y, en corto tiempo, el conflicto reaparecerá explícitamente y aun más acentuado y con más dificultades para encauzarlo. Evaluar también qué pasaría si no se resuelve el conflicto.

---

[68] Daniel Martínez, Coord. del Plan Provincial de Mediación Escolar. Chaco.

f) En pequeños grupos, teatralizar ante el gran grupo una situación conflictiva (puede ser alguna descripta en el *buzón*, u otra). Los "espectadores" la analizan. Finalmente, los "actores" pueden añadir sus puntos de vista.

g) Los alumnos se sientan en círculo, cada uno con un cuaderno o carpeta y una birome. Cada participante será padre/madre del/de la que tiene a la derecha e hijo/a del/de la que tiene a la izquierda.
Se supone que el hijo tenía permiso para llegar hasta una determinada hora y la transgredió.
Cada integrante escribe en su rol de padre/madre y entrega el escrito a quien tiene a su derecha (su hijo/a) y recibe un escrito de quien tiene a su izquierda (su padre/madre). Y responde los escritos que va recibiendo.
Después de 3 ó 4 respuestas, se evalúa cómo se sintieron los participantes en cada rol y si comprendieron las dos maneras de sentir el hecho (Cascón).

h) Recordar algún cuento tradicional o acontecimiento histórico o geográfico en el que haya antagonistas.
Reunidos en pequeños grupos de tres o cuatro integrantes, renarrar la historia sucesivamente desde la óptica de cada uno de los opositores (¿cómo sería el cuento desde la mirada del lobo, de la madrastra, del Virrey que huye en las invasiones inglesas, desde Chile que defiende "esa" línea fronteriza…?). Esto ayuda a *aprender a comprender al otro*, uno de los cuatro pilares para la educación del tercer milenio que propone la UNESCO en su informe.

Además de la mediación…

La alternativa quizás más tradicional para la resolución de conflictos es el *arbitraje:* una tercera persona, ajena al conflicto, resuelve (el docente toma la decisión de quién tiene razón y qué sanción o castigo corresponde al "perdedor").
Sintetizamos la comparación mediación/arbitraje en un esquema, basado en el material de Judy Kent:

Mediación	Arbitraje
Las personas involucradas en el conflicto tienen *mayor* control sobre el desenlace.	Las personas involucradas en el conflicto tienen *menor* control sobre el desenlace.
➤	

Otra alternativa inferior a la mediación es la *transacción,* que intenta llegar a un acuerdo superficial, epidérmico, mediante concesiones parciales, "partiendo la diferencia", pero sin indagar en el problema que subyace: la esencia del conflicto suele quedar latente y, entonces, la solución "puede llegar a ser peor que no llegar a ningún acuerdo" (DGCyE).

Recordando que no es mejor escuela aquella donde no hay conflictos, sino en la que se explicitan y resuelven dentro del marco institucional, como cierre, adaptamos un esquema del prof. Rubén Veiga:

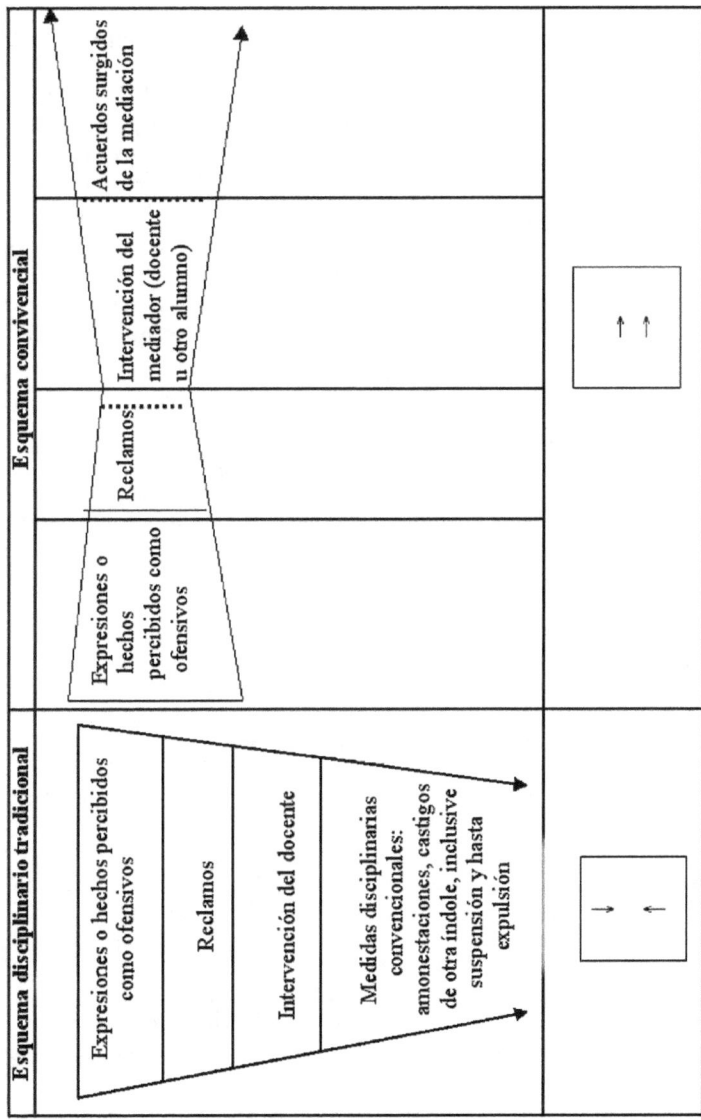

Para ver una más que breve historia de la *mediación*, acudir al Anexo.

A modo de síntesis

Característica	Nueva matriz	Matriz tradicional
Atención a la diversidad	Se prepara al docente para ofrecer al grupo ropa de "variados talles", ya que se considera a la *heterogeneidad* como un valor.	En general, se prepara al docente para ofrecer al grupo ropa de "talle único", ya que se valora la *homogeneidad* del grupo.
Educación permanente	Se consolida el aprender a aprender.	Habitualmente, se procura que se aprendan todos los saberes que el tiempo alcance para aprender y que se los guarde en la memoria.
Busca adquisición de…	Competencias.	Contenidos.
Espacios curriculares	Tiene presentes también otros espacios más flexibles.	Se atiene a los espacios "consagrados", con pocas, poquísimas incursiones de otros.
Autonomía	Se considera muy importante.	No se considera indispensable.
Participación	Se alienta especialmente.	Suele desalentarse.
Articulación	Se atiende de manera preferencial.	No se atiende como prioridad.
Resolución de problemas	Se plantea en todas las áreas; no se confunde con *ejercicios*.	Se circunscribe al ámbito de la Matemática; e inclusive en él, muchas veces se confunde con ejercicios.
Conflictos	Se resuelven principalmente a través de la mediación.	Se eluden o se resuelven autocráticamente.
Tecnológicamente es…	Digital.	Analógica.
La formación ocupa…	Toda la vida.	El primer tercio de la vida aproximadamente.

Propuestas para la reflexión y la acción

1. Bajo el supuesto de que toda práctica puede ser revisada, pregúntense:
   ¿Cuál/es de los diez ejes estiman que son mejor atendidos en sus quehaceres de aula? ¿Por qué?
   ¿Cuál/es menos? ¿Por qué? ¿Qué estaría a su alcance hacer para darles más relieve?

2. Tomando como base los ejes, elaboren un protocolo de autoevaluación docente. Si es factible, cotéjenlo con las opiniones de otros colegas. Luego, cada uno, se lo aplica a sí mismo.

3. ¿Qué aspectos les parece que tienen que priorizar…
   …en su *perfeccionamiento*?
   …en su *capacitación*?
   …en su *actualización*?
   ¿Cómo podrían llevarlo a cabo?

Anexo

El método lancasteriano o sistema de enseñanza mutua

Es una forma de aprendizaje mutuo, propuesta ante la imposibilidad de atender al mismo tiempo a diferentes grupos que trabajan con distintos niveles en la misma aula. Consiste en que los alumnos más adelantados faciliten el aprendizaje de los que todavía están en niveles inferiores.

Algunos beneficios de esta organización del aula son:

- los *alumnos más avanzados* se ocupan de una tarea solidaria para con los más lentos y, en simultáneo, consolidan sus aprendizajes al tener que explicarlos, para lo cual, posiblemente, deban buscar vínculos entre conocimientos a fin de hacerlos más asequibles a sus compañeros; es decir, no "pierden tiempo", sino que profundizan en sus saberes: es enseñando como mejor se aprende;
- los *alumnos más desfavorecidos* reciben una explicación en comunicación horizontal, entre pares, de alumno a alumno, en un lenguaje que, a lo mejor, por ser más cercano, les facilita la aproximación al contenido que es objeto de aprendizaje.

Esta propuesta surgió porque Joseph Lancaster estaba afligido por las necesidades de las clases pobres en lo referente a educación: en la Inglaterra en camino de la industrialización (fines del siglo XVIII), la educación secundaria se ofrecía en escuelas privadas, en la Iglesia o por ciudadanos particulares y se destinaba a la clase media y la clase dirigente; era buena. Pero la educación primaria, reservada al pueblo, no.

Por ese motivo, hacia 1790, había nacido el método de enseñanza mutua de Andrew Bell (1753-1832). En 1798, Joseph Lancaster (1778-1838) fundó una escuela en Southwark, en la periferia de

Londres, en la cual, tomando como base las experiencias previas de Bell, aplicó un método de enseñanza que consistía en que los alumnos más adelantados, llamados *monitores*, enseñaran a sus compañeros bajo la dirección del docente. Gracias a esto pudo reunir en su establecimiento más de mil niños pobres.

Obtuvo el apoyo de los fundadores de la British and foreing society for education y, en 1811, el sistema lancasteriano contaba en Gran Bretaña con 95 escuelas, en las cuales aprendían más de 30.000 alumnos. Pero Lancaster fracasó cuando quiso aplicar el método a la enseñanza superior, y después de hacer bancarrota, emigró a Estados Unidos en 1818: introdujo su sistema de enseñanza mutua, y fundó escuelas en Nueva York, Boston, Filadelfia, etc.

El sistema lancasteriano fue traído a Venezuela, en 1822, por los libertadores Simón Bolívar y Francisco de Paula Santander, persuadidos de lo positivo que prometía este sistema que se difundía como una "máquina escolar perfecta", que permitía "a un solo maestro enseñar a mil niños al tiempo". Lo nuevo consistía en usar el sistema de *monitores* y una mecánica que producía el movimiento de los alumnos a través de un gran salón, según su adquisición de conocimientos, a partir de la repetición y la corrección dirigida por los monitores, seleccionados –en principio–, entre los alumnos que sabían un poco más, que eran enseñados y entrenados para ejercitar a quienes sabían menos. Los que ya dominaban una letra, una sílaba o una palabra, enseñaban a los que todavía no las habían aprendido y los corregían. Esto era posible a partir de la ubicación en una gran sala de largos bancos donde el niño que aprendía, por ejemplo, una letra, subía un puesto, hasta llegar a ocupar el extremo derecho del banco, lo cual lo hacía merecedor del cargo de monitor y permitía la rotación de todos los cargos, a partir de la emulación individual, sin que interviniera la preferencia personal del docente, algo parecido a una "promoción automática".

No existían libros ni cuadernos individuales, todos los conocimientos y las indicaciones se encontraban escritos en grandes carteles dispuestos a lo largo de las paredes. Los letreros también mencionaban a los alumnos buenos o malos, a modo de *cuadro de honor* (o deshonor). Pero además, para mantener el orden y la obediencia, Lancaster había establecido otros castigos: palmetazos, cepos o penas "infamantes": "confinamiento" (encierro para hacer alguna tarea bajo vigilancia), o separación del grupo en un banco aparte; también podía incluir la colocación de gorros o letreros con los nombres de las faltas ("perezoso," "distraído", "burro", "puerco").

La autoridad multiplicada a través de monitores producía el efecto de enseñar la obediencia a un jefe, formando hábitos de orden y disciplina, dentro de un mecanismo colectivo impersonal: el maestro podría faltar, sin menoscabo del orden. El maestro es el elemento final del sistema: tiene que ser un vigilante imparcial y distante de la enseñanza, pero, a la par, se le pide que sea amable y justo, para que el castigo no se vuelva humillante, producto de su enojo, sino impersonal y retributivo. Lo único necesario consistía en:
- aprender a usar el manual para poner en marcha el método,
- el mínimo de conocimientos que iba a enseñar.

Fue el método lancasteriano el que hizo tan conocida la expresión tradicional: "la letra con sangre entra, y la labor con dolor".

En este sistema, quizás se halle uno de los primeros antecedentes de la escuela moderna, el *punto cero* donde los fines y tecnologías disciplinarias no se ocultan. En él, el autogobierno se entiende como "hábito de obediencia, quietud y orden".

En Inglaterra, se creyó que los monitores serían los futuros capataces de las fábricas; pero, y he aquí un ejemplo de reconversión de las estrategias de la subjetividad, transcurriendo el tiempo, los dueños de las empresas se dieron cuenta, con asombro, de que muchos de los líderes obreros de la Primera Internacional habían sido alumnos de las escuelas lancasterianas: esas escuelas fueron el semillero de la primera generación de obreros revolucionarios. Pareciera que ese es el *punto ciego del modelo* –lo que produce pero no ve– o su *punto de fuga* –lo que produce y se le escapa o lo desborda–.

Organizadores gráficos y otras técnicas de trabajo intelectual

El *mapa conceptual* fue ideado por Joseph Novak. Está formado por **nodos** (generalmente *elipses*, aunque también pueden ser *recuadros*) donde se encierran las ideas más importantes, los conceptos, escritos en letras mayúsculas, preferentemente. Y se vinculan con **líneas**, sobre las cuales se pueden ubicar palabras de enlace, que relacionan esos conceptos; se escriben con minúscula junto a las líneas de unión.

Como los mapas conceptuales son esquemas jerárquicos, las palabras principales, las más abarcativas, las más generales, las que encierran e implican a las demás, los inclusores, se anotan en la parte superior de la estructura gráfica y, a medida que las ideas se hacen secundarias, paulatinamente menos importantes, se van ubicando más abajo hasta que puede terminarse en los ejemplos, que no se encierran. Los conceptos de la misma importancia se registran a la misma altura.

El mapa se puede leer desde arriba hacia abajo o desde abajo hacia arriba, es decir, se puede ir de lo general a lo particular o al revés: se puede decir, por ejemplo, "El ecosistema es el conjunto de animales, plantas…" o "Los animales, plantas… constituyen un ecosistema": leer un mapa conceptual es como ir por una escalera; por una escalera se puede subir o bajar: subir no es más importante que bajar: depende de dónde uno esté y a dónde necesite ir.

El docente puede andamiar la construcción de mapas conceptuales proponiendo inicialmente al alumnado el concepto más abarcador. Después, los alumnos intentan ir recordando (o releyendo) con qué otros conceptos se relaciona y procuran explicitar los vínculos.

Conviene comenzar trabajando todos juntos con la coordinación del docente, en el pizarrón. Cuando el grupo parece dominar la construcción, recién se propone que trabajen en pequeños grupos (con instancia posterior de puesta en común), para, finalmente, abordar la construcción individual.

La *red conceptual* se diferencia del "mapa" en que no se representa una jerarquía entre conceptos, por eso, las líneas que relacionan los nodos llevan flechas para señalar el sentido de la relación y la lectura, consecuentemente, puede comenzarse por cualquier elipse.

El *cuadro sinóptico* se lee de izquierda a derecha y de arriba hacia abajo.

Lo que está más a la izquierda es la idea más global, más amplia; algo así como el título del cuadro. De él sale una llave o flechas u otras líneas.

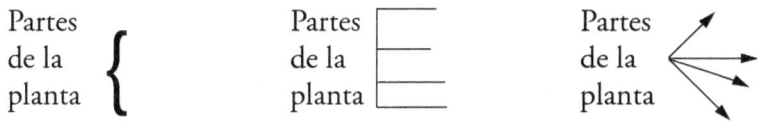

Hay que imaginarse el cuadro como dividido en algo así como columnas. En cada columna figuran datos de la misma jerarquía, de igual categoría, importancia, nivel, sin mezclarse.

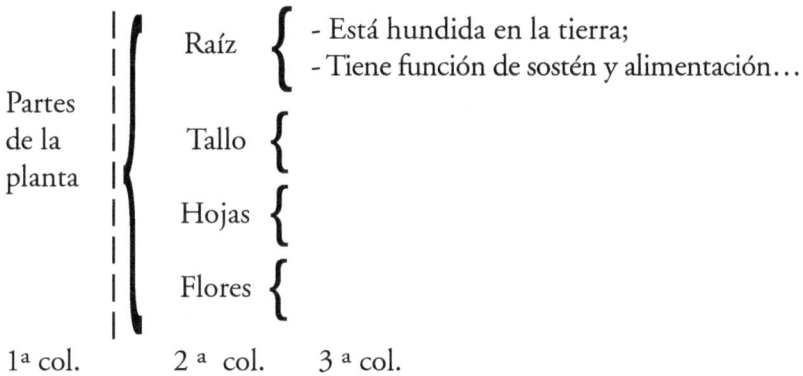

1ª col.   2 ª col.   3 ª col.

Por ejemplo, en la 1ª columna está sólo el "título"; no se incluye el nombre de las partes, porque eso ya es de menor jerarquía, de un nivel inferior, de otra clase o categoría, por eso se ubica más a la derecha; en la 2ª columna se anotó sólo el nombre de las partes, pero no sus características: no se mezclan; recién en la 3ª columna se han escrito esas características.

Al leer el cuadro hay que reponer las palabras que las llaves reemplazan: "se organizan en…", "se compone de…", "tiene…", "son…", etc., que sirven para relacionar los vocablos que sí están anotados.

El *cuadro de doble entrada* se llama así porque se puede entrar a él empezando por la parte de arriba de cada columna, bajando fila por fila, o, al contrario, comenzando por una fila y leyendo paso a paso todas las columnas que atraviesa, es decir que admite una lectura tabular.

El *resumen* es una reelaboración (abreviada) del texto base. Consiste en construir la *macroestructura*[69] o significado global del texto.

---

[69] Van Dijk, Teum. *La ciencia del texto*. Buenos Aires. Paidós. 1998.

Incluye tomar decisiones sobre qué información es importante (reducción semántica que considera con qué finalidad se resume, para quién, etc.) y también qué categorías totalizadoras (que pueden no estar en el texto base) hay que elegir. Por eso el resumen tiene en cuenta:
- lo expresado en el material,
- los conocimientos previos del lector.

Van Dijk propone un modelo de las cuatro operaciones necearias para resumir, a las que denomina *macrorreglas:*
- *supresión:* omisión de elementos accesorios o redundantes, que no condicionan la interpretación de otra información posterior.

Por ejemplo: Pasó un hombre. Tenía corbata. Era con dibujos de Mickey.
Suprimimos la información accesoria y queda: Pasó un hombre (si es que en la continuación del texto el hecho de que tenga o no corbata no juega un papel preponderante y mucho menos su diseño).

- *selección:* elección de elementos que no pueden omitirse porque contienen las ideas centrales.

Por ejemplo: Estela caminó hasta su auto nuevo. Subió lentamente. Partió para Viena.
Elegimos: Partió para Viena y mantenemos el sujeto Estela.

- *generalización:* sustitución de elementos por un concepto más general o abstracto, a veces, un hiperónimo.

Por ejemplo: En el techo había una pequeña mosca posada. En el techo había una avispa quietecita. En el techo había un mosquito zumbador.
Conviene sustituir por: En el techo había insectos.

- *construcción o integración:* deducción que sustituye los datos por una nueva información.

Por ejemplo: Llegó a la terminal de micros. Compró su pasaje en efectivo. Caminó rápidamente hasta la dársena correspondiente. Subió al ómnibus. El colectivo arrancó.
Podría deducirse, inferirse o interpretarse como: Viajó o tomó el micro.

Los *ficheros de biblioteca* son de tres clases y todos están organizados por orden alfabético:
- por *autor:* allí se acude si se conoce quién escribió sobre el tema, y se busca ese apellido.
- por *título:* allí se acude si no se conoce el autor, pero sí el título. Hay que tener cuidado porque se alfabetiza omitiendo los artículos.
- por *tema:* allí se acude si no se tiene ningún dato.

Las fichas de la biblioteca, además de autor, título y tema, ofrecen otra clase de información:
- *cuándo se publicó el libro:* un libro que anoticia acerca de la cantidad de población de una zona, si se publicó hace 20 años, está desactualizado. Salvo que agregue: "edición corregida". Pero un libro que explica acerca de las montañas de una región, aunque sea de hace más de 20 años, sigue sirviendo: las montañas no se desplazan ni crecen o se reducen de manera muy visible en ese tiempo.
- el *tamaño del libro:* la cantidad de páginas y cuánto miden. Hay que tenerlo en cuenta si se busca información en un libro que trata de un solo tema. Por ejemplo: tiene 996 páginas de 25 cm x 20 cm: seguramente, es un libro muy especializado y quizás no sea eso lo que se busca, sino algo más introductorio.
- el *género:* si es una novela, una colección de cuentos, un libro de texto, etc. Por ejemplo, si se busca información acerca de Simón Bolívar y se encuentra en el fichero por tema *El general en su laberinto,* hay que mirar bien que por ahí cerca dice: novela. No sirve porque es ficción.

A veces no se encuentra tal cual el tema que se busca, entonces hay que localizar uno más amplio (que encierre al que se desea localizar) o varios que traten una parte cada uno. Por ejemplo, si se requiere información acerca de San Martín y no se halla nada con ese título, se encuentra información en uno que se llame *Las luchas por la libertad de América* (es más amplio y va a ocuparse de otros libertadores, además de San Martín) o en otros que se titulen *Chacabuco, Cancha Rayada y Maipú* (que son algunas de sus batallas) y *La independencia del Perú* (que va a omitir su acción por la libertad de Argentina y Chile).

Uso del índice

Una vez que se encontró el libro que parece adecuado, hay que buscar en el índice el tema que se necesita.

Si el índice es **alfabético**, se han registrado alfabetizadas las palabras centrales del texto y los nombres propios (antropónimos, topónimos, etc.). Figuran acompañados de los números de página donde aparecen. Simplemente se busca siguiendo el orden del alfabeto.

Por ejemplo, veamos el fragmento correspondiente a la letra O del índice de: *Literatura árabe* de Juan Vernet:

> Obregón, 93
> Oliver, Asín, 217
> Orosio, 216
> Ortega, 150
> Ovidio, 152
> Oxford, 180

A veces, una palabra figura en varias páginas, y se hace constar anotando los números sucesivos separados por coma.

Por ejemplo, en el índice del libro de J. Vernet, dentro de la letra A figura:

> Algacel, 106, 139, 222

Cuando el tema al cual se refiere la palabra ocupa más de una carilla, se anotan los números de la primera y de la última página, separados por guión.

Por ejemplo, en el índice del libro de Vernet, dentro de la letra S está anotado:

> Sayf al-Dawla, **84-87**, 91, 92, 113, 117

Si el índice es **temático**, hay que fijarse si su organización es *paralela* o *jerarquizada*.

Un índice se llama ***paralelo*** cuando están anotados solamente los títulos de capítulos o partes y todos se alinean sobre el margen, indistintamente derecho o izquierdo. También tienen la misma tipografía.

Por ejemplo, se transcribe un fragmento del índice del libro de J. Vernet:

                              Advertencia   5
                              Introducción   9
                     La poesía preislámica 25
              La primitiva prosa árabe y el Corán 39
                            La época omeya 55

Esta clase de índice es de consulta más trabajosa: hay que ir leyendo desde el principio hasta ubicar lo que precisa.

Se llama *jerarquizado* si figuran todos los títulos y subtítulos hasta la categoría decidida, según cuán detallado se quiera. Los títulos se destacan por la clase de letra, el grosor, el tamaño, el color o porque están bien sobre el margen izquierdo y, a medida que los subtítulos se van haciendo de menor importancia, aparecen ubicados un poco más a la derecha. En algunas oportunidades se reúnen varias de esas maneras de destacarlos.

Los índices jerarquizados son de consulta sencilla porque se van leyendo sólo los títulos hasta encontrar uno dentro del cual pueda estar el subtema que se necesita. Recién entonces se lee en detalle, pero únicamente lo que está contenido dentro de ese título.

Para encontrar en el índice (igual que para localizar un tema en el fichero de la biblioteca), si no aparece justo el tema que se desea, hay que localizar uno más amplio (que encierre el que se busca) o varios que traten una parte cada uno. Por ejemplo, si se necesita información acerca de Sarmiento y no se halla nada con ese título, puede haber información en uno que se llame *Los creadores de escuelas en América* (es más amplio y va a ocuparse de otros creadores, además de Sarmiento) o en otros que se titulen *La introducción de los gorriones en Argentina* (los introdujo Sarmiento) y *La fundación del Observatorio Astronómico* (lo fundó Sarmiento) que va a dejar afuera el resto de su acción, pero que, por lo menos, van iluminando la búsqueda.

Confección de fichas

A medida que se lee, es conveniente preparar fichas.
Hay de dos tipos principales:
- fichas bibliográficas
- fichas de registro:
    - fichas textuales
    - fichas de resumen

Las **fichas bibliográficas** sirven para:
- guardar exacto registro de los textos que se van leyendo;
- agilizar después la confección de la bibliografía del propio trabajo (si es que la lleva) porque consistirá en poco más que alfabetizar esas fichas.

Los elementos básicos de las fichas bibliográficas son:
- Autor
- Título
- Información sobre la publicación (notas tipográficas).

Esos datos se organizan así:
- Apellido del autor, seguido de coma.
- Nombre del autor, seguido de punto (si el texto tiene dos o más autores, se citan en el orden en que aparecen en el libro, consignando "y" antes del último).
- Título y subtítulo (si tiene), seguido de punto.
- Nombre del traductor, prologuista, ilustrador o cualquier otro participante que aparezca en la portada, seguido de punto.
- Lugar donde tiene sede la editorial, seguido de punto (si no figura, se pone s/l).
- Nombre de la editorial, seguido de punto.
- Año de edición, seguido de punto —o de punto y coma, si hay que anotar tomo/s, capítulo/s o página/s consultadas— (si no figura, se pone s/f).

Por ejemplo:
Bromberg, Abraham, Eugenia Kirsanov y Martha Longueira. *Formación profesional docente. Nuevos enfoques.* Buenos Aires. Bonum. 2007.
Cada ficha bibliográfica se hace sobre una cartulina o papel separado para después agilizar la alfabetización.

Las **fichas textuales** son para transcribir textualmente (tal cual) fragmentos del material que se está leyendo para usarlo después: releer para comprenderlo mejor o citarlo en el propio trabajo.
Las transcripciones textuales van entre **comillas**.

En las fichas textuales y en las de resumen no es necesario anotar todos los datos del libro: están en la ficha bibliográfica correspondiente. Es suficiente consignar autor y título.

Si se quiere llamar la atención o aclarar alguna palabra, idea o dato del fragmento que se transcribe, la aclaración se intercala entre corchetes: [ ].

Por ejemplo:

> "En esa época [1907 aproximadamente, cuando tenía alrededor de 11 años] se puso en contacto con Paul Godet, especialista en moluscos, director del Museo de Historia Natural, quien le permitió ser su asistente y con quien trabajó durante cuatro años."
> Bendersky, Betina. *La teoría genética de Piaget*

Fue necesario un agregado a fin de recordar, después, qué significaba "esa época".

Si al citar, se quiere omitir una parte del material, se indica con tres puntos encerrados entre paréntesis.

Por ejemplo:

> "En esa época [1907 aproximadamente, cuando tenía alrededor de 11 años] se puso en contacto con Paul Godet, (…), director del Museo de Historia Natural, quien le permitió ser su asistente y con quien trabajó durante cuatro años."
> Bendersky, Betina. *La teoría genética de Piaget*

En este caso, se suprimió una información que no aportaría a la índole del supuesto trabajo que se está realizando en esta oportunidad.

Las **fichas de resumen** sirven para conservar algunas ideas e incluirlas en el propio trabajo. Serán tan breves como sea factible, pero sin excluir todo detalle en aras de la brevedad. Hay que conservar la sustancia y seleccionar los detalles importantes para la escritura posterior. Pueden tener pocos renglones o varias páginas. La longitud varía con el interés de lo que se está leyendo en relación con la escritura que se prepara.

Por ejemplo:

> Piaget comenzó su actividad científica en la infancia.
> Bendersky, Betina. *La teoría genética de Piaget*

Organización de la bibliografía

La bibliografía es el conjunto de *referencias bibliográficas* correspondientes a los textos usados por el autor: todos los datos que permiten la identificación de una publicación, en partes o completa. Son los mismos datos registrados en las fichas bibliográficas.

La bibliografía sirve para:
- informar al lector de los trabajos previos que el presente autor conoce;
- indicar al lector a dónde buscar más información;
- dar a conocer a otros autores que abordaron el mismo tema.

En los casos en que hay más de 1 (un) trabajo de un mismo autor, se consigna su nombre solo la primera vez y en las siguientes, se sustituye por una línea de ocho espacios. Esos trabajos se ordenan cronológicamente.

Por ejemplo:

Tomlinson, Carol. *El aula diversificada*. Barcelona. Octaedro. 2001.

-------- *Estrategias para trabajar con la diversidad en el aula*. Buenos Aires. Paidós. 2005.

La bibliografía aparece, generalmente distribuida:
- por subtemas, tópicos o materias;
- por la clase del material: libros, publicaciones periódicas, documentos, etc.;
- por orden alfabético simple.

Si es uno de los dos primeros rubros, dentro de cada categoría, a su vez, las referencias bibliográficas están alfabetizadas.

Los portafolios como instrumentos de evaluación formativa

Los portafolios constituyen un fenómeno reciente en educación (aparecen en este orbe a fin de los años 80), aunque ya se empleaban en otras profesiones (artistas, escritores, arquitectos…).

Los portafolios en la escuela surgieron a raíz de un nuevo concepto de educación. Primero aparecieron en escuelas públicas de Manchester, Bellevue, Washington, California, entre otros estados de Estados Unidos, en la década del 90.

Consiste en una serie de trabajos (un *dossier*) producidos por un alumno, seleccionados deliberadamente con un propósito determinado.

Se diferencia de la tradicional carpeta en que, en un portafolios, cada trabajo se puso por un motivo particular. El trabajo en los portafolios es limitado; no es la suma de todos los trabajos realizados por un alumno, sino una muestra representativa.

"Será la teoría que se sostenga acerca de la enseñanza la que determine qué constituye un ítem conveniente para incluir en el portafolio, lo que vale la pena documentar, considerar para la reflexión, lo que se cree útil para el portafolio" (Lyons).

Su función principal es testimoniar lo que aprendió un alumno y utilizar esa información para tomar mejores decisiones en beneficio de esos alumnos.

Estructura

- *Portada*
- *Índice*
- *Introducción*

"Las introducciones brindan a los alumnos la oportunidad de considerar todos los documentos e interpretarlos para el lector (…). Un introducción es un documento importante para el lector (…) porque da indicación de la forma en que el autor considera su contenido".[70]

---

[70] Danielson, Charlotte.

- *Trabajos*

Puede estar "estricta o libremente estructurado en cuanto a clase y cantidad de sus entradas; representativo del mejor trabajo de una persona (…) o una muestra de muchos trabajos (puede incorporar borradores –claramente rotulados como tales– o trabajos terminados), incluyendo sus fracasos" (Lyons) y una reflexión acerca de por qué sucedió eso.

Es conveniente que cada entrada se acompañe con la fecha y una *breve* fundamentación de por qué se eligió. "Mediante este proceso de reflexión [los alumnos] se vuelven cada vez más conscientes de sí mismos como personas que aprenden" (Lyons). La reflexión del alumno sobre el trabajo terminado es el elemento decisivo del proceso de elaboración de portafolios.

Qué tipo de trabajos incluir puede decidirlo el docente, los alumnos o ambos –en conjunto o separadamente–, siempre de acuerdo con el currículum. "Es importante que los alumnos tengan al menos cierto poder de decisión en la selección" (Lyons).

Aspectos positivos, riesgosos, prácticos

Positivos:
- *Es una herramienta poderosa* por el proceso reflexivo que estimula.
- *Fomenta la vinculación entre el proceso y el producto.*
- *"Cambia el centro de la actividad,* que deja de estar [sólo] a cargo de un observador para volver [también] a manos del practicante [del grupo de alumnos en este caso]" (Lyons).
- *Compromete a los alumnos* con sus aprendizajes.
- *Facilita la comunicación con los padres.* Es importante que los padres estén informados acerca del proceso de preparación de los portafolios. Y, por supuesto, es importante que los vean. Para ello hay varias maneras:
  - enviar periódicamente el portafolio a las casas e incluir un mecanismo que asegure su devolución con comentarios de los padres que indiquen que lo han mirado junto con sus hijos.
  - organizar reuniones en la escuela en la que los alumnos muestran a sus padres los portafolios.

Independientemente de cuál manera sea la adoptada, lo más habitual es que los padres apoyen con entusiasmo la realización de portafolios y que esto mejore la comunicación padres-hijos y también con el docente.

- Gracias a los trabajos que los alumnos seleccionan para sus portafolios, *los docentes "descubren puntos fuertes y débiles* previamente desconocidos. Con ello reciben una importante retroalimentación de su propia enseñanza y pueden hacer ajustes".[71]

Riesgosos:
- "Que el portafolio se convierta en una mera exhibición" (Lyons).
- La trivialización: incluir materiales sobre los que no vale la pena reflexionar.

Prácticos:
- Permitir que en un principio los alumnos trabajen con un compañero para seleccionar y comentar sus trabajos.
- Destinar horarios específicos para la reflexión en clase: "es esencial tener un cronograma para recopilar el material (…) [quizá] mensual"[72]. A algunos docentes les parece que no tendrán tiempo. Si los docentes consideran el proceso de enseñanza y evaluación como una única entidad, el uso de los portafolios no les restará tiempo. Se incluirá en el proceso educativo.

La etapa del cierre de elaboración del portafolios es la proyección; una mirada hacia el futuro y la determinación de metas. En este momento, los alumnos consideran el conjunto de su trabajo y emiten juicios sobre él. Esa mirada al portafolio les facilita el ver los patrones de su trabajo.

Eportafolio

Un equipo de la Universidad de Montreal ha creado un "eportafolio o portafolio electrónico (eduportfolio.org) para el mundo de la educación (…), de uso crecientemente obligatorio, en particular, en los Estados Unidos (…).

---

[71] Ídem.
[72] Shaklee. Donald Graves sugiere revisar el portafolios "cada ocho o nueve semanas (…), o sea unas cuatro o cinco veces por año. Cada vez pueden añadir algunas piezas nuevas y sacar algunas viejas".

Lanzado a fines de abril de 2006, se cuentan ya alrededor de 10.000 usuarios en más de 30 países (…).
Permite almacenar una gran variedad de informaciones (documentos escaneados, ficheros de audio o video, imágenes o gráficos, etc.) (…).
A fin de facilitar su empleo en una variedad de contextos pedagógicos, es necesario subrayar que la estructura de eduportfolio.org no es rígida; al contrario, es muy (...) flexible. Cada alumno o docente tiene la posibilidad de crear su propio portafolio, con la ayuda de útiles sencillos. El portafolio disponible está compuesto de secciones y subsecciones, documentos, explicaciones, etc. (…).
Los visitantes pueden formular comentarios acerca de los diferentes elementos presentes en un portafolio (comentarios en formato texto, audio o video) (…).
Un motor de búsqueda permite al visitante encontrar rápidamente la información buscada" (Karsenti). Finalmente, hay que subrayar que el eduportafolio es teletransportable: el propietario puede presentarlo sin estar necesariamente conectado a Internet.[73]

Algunos modelos en la solución de problemas

Hay numerosos modelos. A efectos de no extender desmesuradamente este segmento de información, se considerarán sólo tres, de diversas procedencias y momentos: George Polya, John Dewey y la Universidad de Maastrich (en los Países Bajos). El considerar la solución de un problema no como una unidad compacta sino reconociendo en él partes con relativa independencia facilita al docente la identificación de las dificultades que tengan sus alumnos, para poder orientarlos ajustadamente, sabiendo en qué punto tiene que intensificar su tarea: por ejemplo, no es lo mismo no darse cuenta de qué es lo que hay que hacer –o no distinguir qué datos se tienen– a darse cuenta, pero no saber cómo organizar el plan para resolverlo. En todos los casos el espacio de intervención docente es distinto: en el primero se impone una sesión de lectura y comprensión de enunciados de problemas que no es necesario en el segundo.

---

[73] Se puede cargar una versión completa del propio portafolio en un CD o en un *pen drive*.

Modelo de G. Polya

Aunque Polya basó su libro en observaciones sobre cómo los expertos matemáticos (incluido él mismo) solucionaban problemas, tanto la secuencia descripta acerca de cómo se deben solucionar como los consejos sobre la utilización e introducción de los problemas en el aula han servido de base para diseñar problemas escolares en diversos ámbitos del saber, lo cual nos autoriza a considerarlo también para el ámbito de la Lengua.
Los pasos de su modelo son, básicamente:

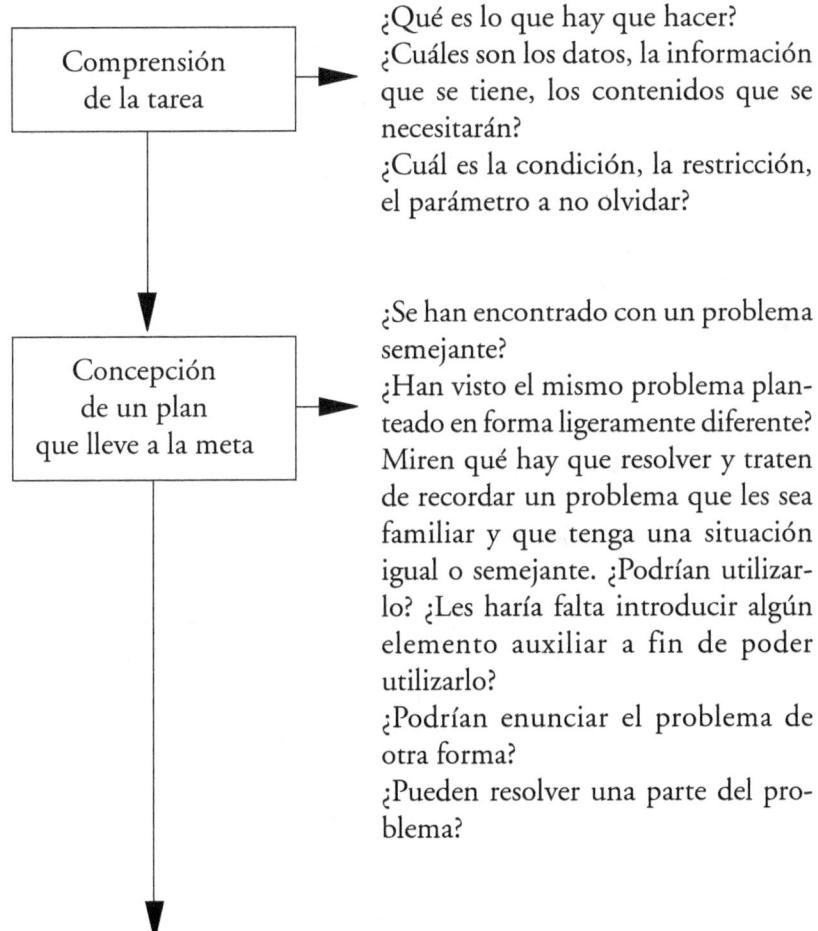

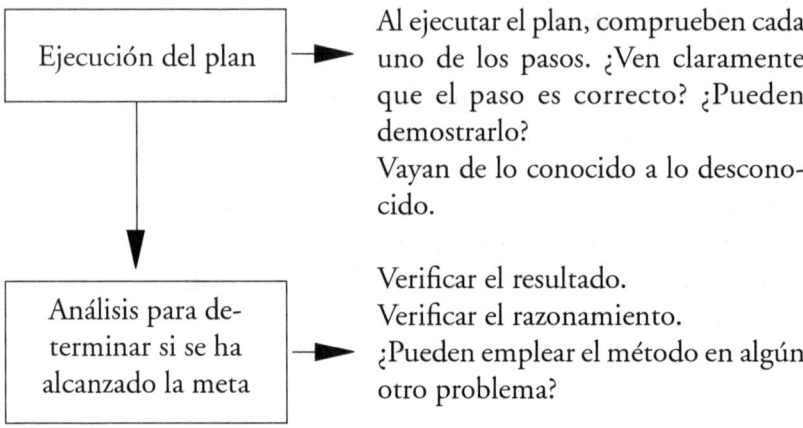

Modelo de J. Dewey

Dewey menciona las mismas fases de distinta manera:
1. Reconocer el problema.
2. Aclarar el problema.
3. Proponer hipótesis para la resolución del problema.
4. Razonar las inferencias de la hipótesis.
5. Verificar la hipótesis.

Modelo de la Universidad de Maastrich

El proceso propiciado en esa Universidad, consta de los siguientes pasos:

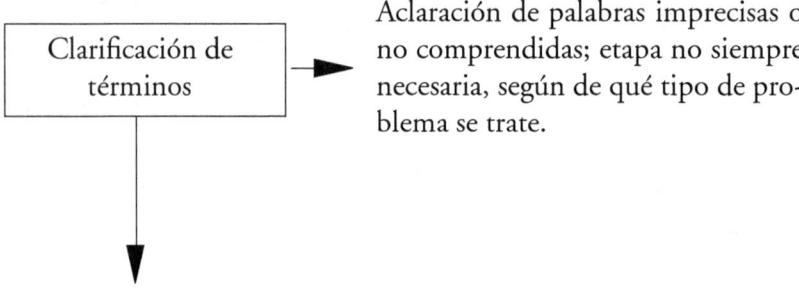

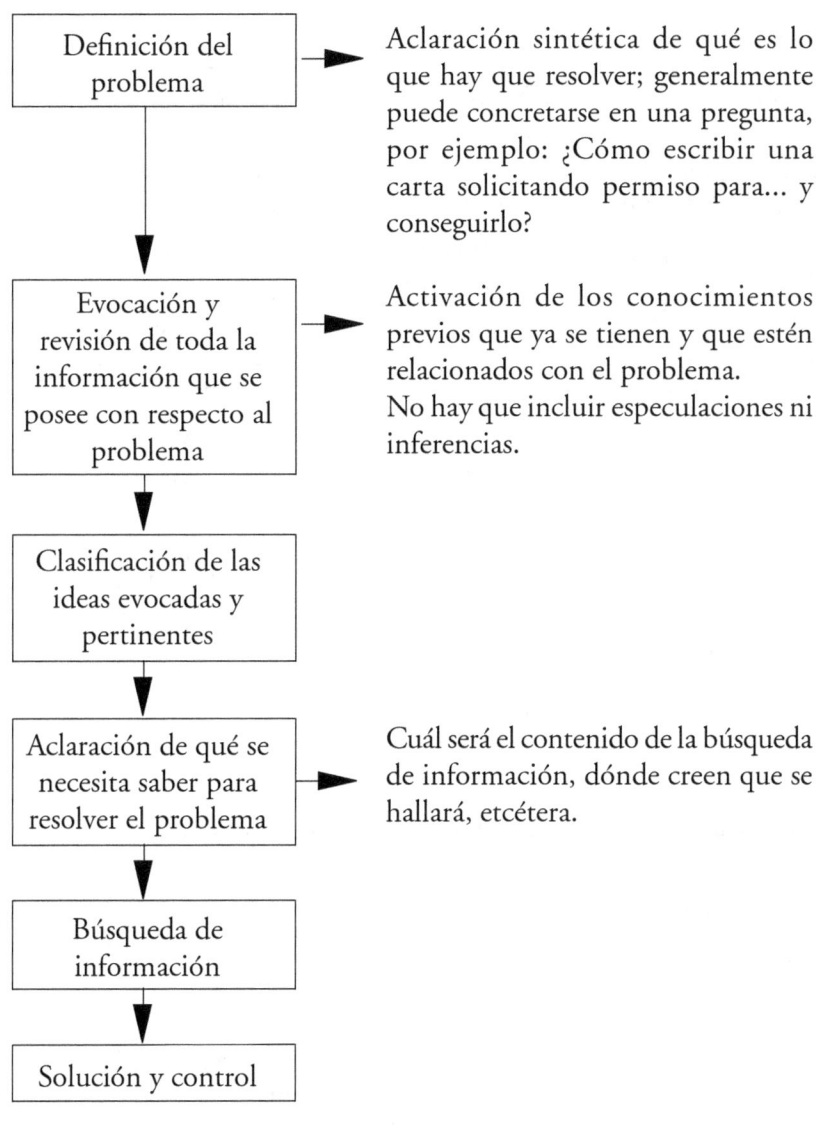

Comparación de los modelos

Polya	Dewey	Maastrich
1. Comprensión de la tarea (*¿Qué es lo que hay que hacer? ¿Cuáles son los datos, la información que se tiene, los contenidos que se necesitarán?*)	1. Reconocer el problema 2. Aclarar el problema	1. Clarificación de términos 2. Definición del problema 3. Evocación y revisión de la información que se posee 4. Clasificación de las ideas evocadas 5. Aclaración de qué se necesita saber para resolver el problema
2. Concepción de un plan que lleve a la meta	3. Proponer hipótesis 4. Razonar las inferencias de las hipótesis	6. Búsqueda de información
3. Ejecución del plan	5. Verificar la hipótesis	7. Solución y control
4. Análisis para determinar si se ha alcanzado la meta		

Todas las estructuras son correctas. Pero cada docente, según su personalidad, se siente más cerca de alguna de ellas.

El control que aparece como último paso a los efectos formales, es en realidad recursivo y se aplica a la par de cada una de las etapas previas, monitoreando su ejecución.

Ese control puede hacerse mediante:

- *autoevaluación:* se fijan colectivamente los criterios con los que se advertirá si algo está bien (o los proporciona el docente) y cada alumno compara su proceso con esos criterios.

- *co-evaluación:* después de la fijación de criterios, intercambian los trabajos entre alumnos o grupos (según la resolución del problema se esté realizando individual o grupalmente).

  El agrupamiento por pares es factible realizarlo:
  - Por elección de los alumnos.
  - Por decisión del docente.
  - Por azar.
- *evaluación realizada por el docente:*
  - Junto con el alumno o grupo.
  - Recogiendo lo producido y evaluándolo después.

Desarrollo de un ejemplo

Escribir una carta al director de la escuela, pidiendo permiso para... Se sabe que es remiso a conceder esa clase de autorizaciones.

Modelo de Polya	Aplicación a 1° ESB
1. Comprensión de la tarea	Es una carta, por lo tanto debe llevar la estructura que la caracteriza. El destinatario es... (título, nombre, cargo). Al haber asimetría social entre el destinatario y los destinadores, es imprescindible una carta formal. Hay que solicitar permiso para... Se teme que el destinatario no esté muy propenso a concederlo. Es necesario ser muy, muy convincente.
2. Concepción de un plan que lleve a la meta	Si ya escribieron antes una solicitud así, puede aprovecharse la experiencia. Si no escribieron previamente ninguna carta formal, hay que aprender a

	escribirla. Convendría conseguir algunas para relevar las características observándolas e infiriendo regularidades (decidir dónde buscarlas) o conseguir material teórico referido a ellas. Si antes escribieron otro texto en el que hayan argumentado, pueden utilizar el método. Si no, hay que aprender a argumentar (convendría conseguir ejemplos). Recordar o aprender las características del lenguaje apelativo; en el último caso, implica ver dónde conseguir un texto con esa peculiaridad o un material teórico al respecto. Escribir la carta. Revisar el vocabulario para ajustar el registro. Revisar la ortografía (¿se usará el corrector del Word, usarán sus bases de datos para hacerlo, el alumno más experto corregirá todas?...). Intercambiarlas (suponiendo tarea individual o en pequeños grupos) para la revisión final. Hacer la versión definitiva.
3. Ejecución del plan	Búsqueda de la solicitud escrita antes o de textos argumentativos previos o de cartas formales y textos apelativos (en este caso, observación para inferir características o lectura de la información teórica). Escritura de la carta.

	Revisión de sintaxis, ortografía, nivel de lengua, etc., según se haya acordado. Intercambio para la revisión final. Confección de la versión definitiva.
4. Análisis que lleve a determinar si se ha alcanzado la meta	En este caso se trataría de una *evaluación de impacto:* recibirían el permiso o una denegación justificada. En caso de que así no fuera, hay que revisar colectivamente los pasos del plan y de la ejecución hasta encontrar la falla.

No olvidar el momento de reflexión posterior para hacer consciente *cómo hicimos lo que hicimos* y convertir el proceso en una herramienta ya disponible para la próxima vez: de esta manera se realizan las dos funciones de la resolución de problemas. El interrogante estaba primeramente en la ZDP y, al resolverlo, pasó a la ZRD, es decir, dejó de ser problema: aprendieron.

Dedicarse a la reflexión lleva mucho tiempo. Quizás alguien piense que le resta tiempo al aprendizaje de "la materia". Para responder, escuchemos la voz de los especialistas de la Universidad de Harvard: "Depende de cómo defina uno el aprendizaje de la materia. Si simplemente consiste en el aprendizaje de hechos, entonces sí, el tiempo para el monitoreo mental le quita tiempo al aprendizaje de los contenidos. Pero si uno quiere que sus alumnos aprendan a aprender por sí mismos (…) entonces no hay mejor inversión que el tiempo utilizado en el monitoreo mental"[74].

---

[74] Tishman, Shari: *Un aula para pensar.* Buenos Aires. Aique. 1997.

Enseñanza de la resolución de problemas

Algunos docentes consideran que no puede enseñarse a resolver problemas fuera de los de índole matemática y especialmente los algorítmicos.

Sin embargo, si resolverlos implica pensamiento crítico, habilidad para la toma de decisiones, tener una opinión informada, identificar las condiciones, reconocer alternativas, cerciorarse de los resultados, monitorear el proceso, trazar un plan, formular hipótesis, situarse en un plano perspectivo, buscar contactos con conocimientos previos, etc., su enseñanza encuentra en la tarea del docente sus raíces y oportunidades, ya que puede ser un factor determinante para el surgimiento de esas condiciones.

Conviene empezar organizando a los alumnos en pequeños grupos para que procedan a un trabajo cooperativo. Luego, internalizan individualmente de acuerdo con los fundamentos de la psicología vigotskiana: el inicio es *interpsicológico* para desembocar después en lo *intrapsicológico*.

¿Por qué? Porque, si comparamos los procesos de solución de problemas de un "experto" y de un aprendiz, los del primero suelen ser fuertes y seguros, y los del segundo, un poco más vacilantes, quizás débiles, fluctuantes, con algunos aciertos y muchas dudas. Aunque, si reunimos los aciertos de varios aprendices, seguramente nos estamos aproximando a la fortaleza de la resolución del experto. Algo así como una sumatoria de aspectos positivos. De ahí la sugerencia del comienzo con un trabajo cooperativo, de tránsito por una fase interpsicológica o de abordaje compartido. De ese modo van salvando entre los integrantes sus impericias y dificultades. Se ayudan mutuamente a construir los puentes cognitivos que solos no podrían, o podrían con dificultad. De esa forma, los tropiezos o pininos iniciales que desalientan se verían amenguados.

Persona que quiere resolver un problema	Persona que quiere resolver un problema	Persona que quiere resolver un problema
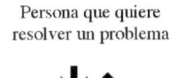		
Problema	Problema	Problema
Proceso **INTRA**psicológico de un *experto*	Proceso **INTRA**psicológico de un *aprendiz*	Proceso **INTER**psicológico de un *grupo de aprendices*

Esto es mucho más que simplemente una autocorrección: la autocorrección se dirige al *saber qué*; atiende a la *información declarativa*, se centra sólo en la etapa final de la tarea. Este momento de reflexión se dirige al *saber cómo* y atiende a la *información procedimental o procedural*, que supera (porque incluye) al saber qué.

Evaluación de la resolución de problemas

Hay que evaluar la resolución de problemas para facilitar el cambio[75], que es lo que diferencia la evaluación del control. Para advertir hasta dónde se ha llegado, y qué resta mejorar. Para dar satisfacción a la autoestima y para fijar nuevas metas. También, para dar cuenta a la comunidad –padres, directivos– del estado de los aprendizajes y para basar la acreditación, socialmente indispensable. Sintetizando, hay motivos endógenos y exógenos al aula. Ambos grupos de motivos son válidos, aunque unos precedentes en el tiempo a los otros.

Síntesis

1) Lo más importante del ABP es que:

- "Son los mismos alumnos quienes toman la responsabilidad de su aprendizaje. El profesor es quien plantea el escenario y va guiando a los alumnos en su proceso de aprendizaje. El rol de los alumnos es mucho más activo en comparación con el que tradicionalmente han desempeñado, ya que requiere de la búsqueda de información,

---

[75] "La evaluación no es un fin en sí misma, sino un medio para mejorar la práctica educativa" nos dicen en *La evaluación integral,* Zona dirección, octubre de 1997.

investigar y aprender por cuenta propia además de organizarse de manera tal, que puedan utilizar su tiempo de la mejor manera" (Hernández).
- El aprendizaje es más significativo ya que "el ABP ofrece a los alumnos una respuesta obvia a preguntas como ¿Para qué se requiere aprender esta información? ¿Cómo se relaciona lo que se hace y aprende en la escuela con lo que pasa en la realidad?" (ITSM).
- Quizás la mayor diferencia entre el ABP y el aprendizaje más habitual es que "el camino que toma el proceso de aprendizaje convencional se invierte al trabajar en el ABP. Mientras tradicionalmente primero se expone [o se consigue] la información y posteriormente se busca su aplicación en la resolución de un problema, en el caso del ABP primero se presenta el problema, se identifican las necesidades de aprendizaje, se busca la información necesaria y finalmente se regresa al problema" (ITSM).

Mediación, brevísima historia

La *mediación* comenzó en el ámbito judicial y se inició *oficialmente* en nuestro país en 1994 cuando se creó el Programa de Mediación Comunitaria en Capital Federal. Luego, la ley 24.573 de Mediación obligatoria previa a todo juicio, entró en vigencia promediando 1996.

Finalmente, pasó a la escuela, también desde el Programa de Mediación Comunitaria del Gobierno de la Ciudad, en 1997, en dos escuelas del D.E. 1, convirtiendo en mediadores a grupos de alumnos de 6° y 7° grado.

Y la mediación se instaló en las escuelas, porque:
- produce un deuteroaprendizaje: al solucionar un conflicto, se interiorizó un instrumento que permite después solucionar otros parecidos o diversos;
- los acuerdos que emergen de un proceso de mediación tienen mayor vigencia ya que los participantes los reconocen como propios pues han intervenido en ellos y decidieron; se transita de la simple obediencia al compromiso;
- mejora las relaciones interpersonales, intergrupales e intragrupales.

Lento viene el futuro con sus lunes y marzos
con sus puños y orejas y propuestas.
Lento, y no obstante raudo como una estrella pobre
sin nombre todavía
convaleciente y lento; remordido, soberbio, molestísimo
ese experto futuro que inventamos nosotros
y el azar
cada vez más nosotros
y menos el azar.

Mario Benedetti

Bibliografía

General
- Avalos, Beatrice. *La formación docente inicial en Chile*. Unesco. 2003.
- Bromberg, Abraham, Eugenia Kirsanov y Martha Longueira. *Formación profesional docente. Nuevos enfoques*. Buenos Aires. Bonum. 2007.
- Ferreyra, Horacio. *Claves para una nueva formación docente*. Novedades educativas (200): 25-28, agosto de 2007.
- Sáenz, César. *Una experiencia de capacitación del profesorado para la nueva formación*. Revista Iberoamericana de Educación, n° 44, abril de 2007.
- Tenti Fanfani, Emilio (comp.) *El oficio de docente. Vocación, trabajo y profesión en el siglo XXI*. Buenos Aires. Siglo XXI. 2006.

Atención a la diversidad
- Anijovich, Rebeca. *Una introducción a la enseñanza para la diversidad*. Buenos Aires. FCE. 2004.
- Devalle, Alicia. *Una escuela en y para la diversidad*. Buenos Aires. Aique. 1999.
- Tomlinson, Carol. *El aula diversificada*. Barcelona. Octaedro. 2001.
- ————, *Estrategias para trabajar con la diversidad en el aula*. Buenos Aires. Paidós. 2005.

Operaciones de pensamiento
- Ferrater Mora, José. *Diccionario de Filosofía*. Barcelona. Ariel. 2004.

- Ramallo, Jorge. *Ante una nueva realidad educativa, hacia la educación del siglo XXI*. Argentina, Sisemp. 1998 (especialmente los caps. 1, 3 y 4).
- Raths, Louis. *Cómo enseñar a pensar*. Buenos Aires. Paidós. 1999.

Mapas conceptuales
- Novak, Joseph. *Aprendiendo a aprender*. España. Martínez Roca. 2004.
- Ontoria, Antonio. *Mapas conceptuales*. España. Narcea. 1999.

Redes conceptuales
- Galagovsky, Lidia. *Redes conceptuales*. Buenos Aires. Lugar. 1998.

Competencias
- Antunes, Celso. *Cómo desarrollar las competencias en clase*. Buenos Aires. Sb. 2003.
- Duschatzky, Silvia. *Las competencias educativas*. Revista Propuesta educativa, Flacso, n. 9.
- Guerrero, Luis. *Aprender a ser competentes*. Consudec (814): 21-25. 4° miércoles de octubre de 2000, pág. 21.
- Perrenoud, Philippe. *Construir competencias desde la escuela*. Chile. Dolmen. 2000.
- ———, *Diez nuevas competencias para enseñar*. Barcelona. Graó. 2007.
- Pinto, Luisa. *Currículo por competencias*. Revista Tarea, n° 8. Perú.
- Zabalza, Miguel A. *Competencias docentes*. Barcelona. Narcea. 2003.

Metacognición
- Burón, Javier. *Enseñar a aprender*. España. Mensajero. 1999.
- Manuel, Esteban. *Consideraciones sobre los procesos de comprender y aprender*. Revista electrónica "Red". Diciembre de 2001.
- Mateos, Mar. *Metacognición y educación*. Buenos Aires. Aique. 2001.
- Tamayo, Oscar. *La reflexión metacognitiva*. Novedades educativas (192): 106-112. Enero de 2007.
- Toso, Alejandro. *Aprender a pensar*. Novedades educativas (156): 28-32. Diciembre de 2003.

- Vargas, Edilma. *Consideraciones teóricas acerca de la metacognición.* Revista de Ciencias humanas. UTP. Colombia. N° 28, enero de 2002.

TIC
- Cabero, J. "Reflexiones sobre las tecnologías como instrumentos culturales". En Martínez, F. *Nuevas tecnologías y educación.* Madrid. Pearson. 2004.
- Dussel, Inés. "La escuela y las nuevas alfabetizaciones". *Revista El monitor de la educación*, MEyC, n° 13, agosto de 2007.
- Morel, Raymond. "Algunos desafíos, apuestas y oportunidades de las TIC". En *Enjeux pédagogiques,* Boletín de la Alta Escuela Pedagógica de Berna (Suiza), n° 4, octubre de 2006. (Traducción de la autora).
- Torres, Rosa. *La profesión docente en la era de la informática.* Documento de apoyo. 7° Reunión del Comité regional intergubernamental del Proyecto Principal de Educación en América latina y el Caribe. 2001.

Participación
- García Hoz, Víctor. *Educación personalizada.* Madrid. Rialp. 1989.
- Manes, Juan. "Autoridad y delegación eficaz". *Consudec* n° 839.
- MCyE. *Del individualismo a la colaboración.* Zona Dirección. Suplemento de Zona Educativa, septiembre de 1997.
- Puglisi, Alfio. "El difícil arte de delegar". *Consudec* n° 840.
- *Revista Aula libre* n° 67. "Protagonismo y participación". España.
- Santos Guerra, Miguel A. *El crisol de la participación.* España. Escuela española. 1997.

Trabajo en equipo
- Manes, Juan. "El trabajo en equipo". *Consudec* n° 837.
- Martí, Eduardo. "Conseguir un trabajo en grupo eficaz". Revista *Cuadernos de Pedagogía.* España, n° 255.

Articulación
- Aldesora, María Teresa. "Articulación interniveles". En *Mensajes educativos* (5): 12-13, febrero de 1999. MEyC, Prov. de Córdoba.

- Argos, Javier. "Escuela infantil y escuela primaria, entre la continuidad y el descontento". En Sáinz, Ma. Carmen. *Educación infantil*. España. Narcea. 2005.
- Harf, Ruth. "La articulación interniveles: un asunto institucional". *Novedades educativas* (82): 25-29. Octubre de 1997.
- Marabotto, María Irma. "Articulación: ¿mito o tarea?" XI Curso para directivos. Consudec. Julio de 2001.
- MCyE. *Escuelas en transformación*. 1998.
- Provincia de Salta. *Diseño curricular*. 1997.
- Ratto, Jorge. "Aportes y desafíos para la articulación". XI Curso para directivos. Consudec. Julio de 2001.
- ———, "Articulación, transición e integración: aportes y desafíos". 41° Curso de Rectores. Consudec, febrero de 2004.

Solución de problemas

- Hernández, Ma. Alma. *Usando ABP*. Inst. Tecnológico Superior de Monterrey. México. 2001.
- Inst. Tecnológico Superior de Monterrey. "El ABP como técnica didáctica". México. www.sistema.itesm.mx/va/dide/ inf-doc/estrategias/abp.pdf
- Pozo, Juan Ignacio. *La solución de problemas*. México. Santillana. 1999.
- Polya, George (1990). *Cómo plantear y resolver problemas*. México. Trillas.
- Revista *12ntes*, Monográfico sobre la resolución de problemas. N° 3, mayo de 2006.
- Torp, Linda. *El aprendizaje basado en problemas*. Buenos Aires. Amorrotu. 1999.

Proyectos

- Ander-Egg, Ezequiel. *Cómo elaborar un proyecto*. Buenos Aires. Humanitas. 2005.
- Biaiñ, María. "Cómo elaborar un proyecto en el contexto de una institución educativa". 41° Curso de Rectores, febrero de 2004.
- Bixio, Cecilia. *Cómo construir proyectos en la E.G.B.* Rosario. Homo sapiens. 1996.
- Cano, María Teresa. *El método de proyectos*. Cuba. Cultural. 1947.

Portafolios

- Condemarín, Mabel. "Uso de carpetas". Revista *Lectura y vida*. Año 16, n° 4.
- Danielson, Charlotte. *Una introducción al uso de portafolios en el aula.* Buenos Aires. FCE. 1999.
- Karsenti, Thierry. "El portafolio". En Enjeux pédagogiques, Boletín de la Alta Escuela Pedagógica de Berna (Suiza), n° 4, octubre de 2006. (Traducción de la autora).
- Litwin, Edith. "Portafolios: una nueva propuesta para la evaluación". www.Educ.ar
- Lyons, Nona. *El uso de portafolios.* Buenos Aires. Amorrortu. 1999.
- Rigamonti, María Cristina. "El portafolios o carpeta de evaluación de proceso". Boletín DGEGP, n° 6, julio de 2000.
- Shaklee, Beverly. *El diseño y uso de carpetas.* Buenos Aires. Aique. 1999.

Mediación

- Cascón, P. "Educar para la convivencia en los centros". Revista *Cuadernos de Pedagogía*, España, n° 287.
- DGCyE. PBA. Dirección de Nivel Inicial. *Documento de Apoyo N° 3/2000.*
- González, Angustias. "Mediación escolar". Revista *A construir*, n° 52, mayo de 1998.
- Hertzriken, Judit. "Un camino de aprendizaje institucional para crecer a partir de los conflictos cotidianos". Revista *Oxígeno*, n° 2, octubre de 1998.
- Kent, Judy. *Taller en resolución de conflictos.* Suiza. Federación internacional de mujeres universitarias. 2001.
- MEyC, provincia de Córdoba. Revista *Mensajes educativos*, n° 5, febrero de 1999.
- Moretti, Marcela. "Escuela y mediación". *Consudec* n° 844, 4° miércoles de septiembre de 1998.
- Seoane, María Inés. "Proceso de mediación en el ámbito escolar". Revista *La Obra*, n° 932, febrero de 1999.
- ———, "La mediación como práctica preventiva en instituciones educativas". Revista *La Obra*, n° 937, julio de 1999.

- ———, "La mediación, herramienta que promueve el diálogo". Revista *La Obra*, n° 938, agosto de 1999.
- ———, "La mediación, herramienta que promueve la participación". Revista *La Obra*, n° 939, septiembre de 1999.
- Tassitano, Alberto. "La mediación llegó a la escuela". Revista *El árbol*, n° 9, agosto de 1999.
- Veiga, Rubén. "Algunas notas sobre conviviencia y mediación escolar". Revista *Aula abierta*, n° 77, marzo de 1999.
- www.mediation-eu.net/espagnol/

Índice

Introducción 7
   ¿Por qué es necesaria una nueva matriz? 7
   ¿Qué se requiere para cambiar la matriz? 10
   ¿Cómo se estructuraría esa nueva matriz? 12

Decálogo de la formación docente: propuesta de nodos
de la nueva matriz posible 15
1. Formarse en y para educar en la diversidad 16
2. Formarse en y para formar en la educación permanente 20
3. Formarse en y para el trabajo por competencias 26
4. Formarse en y para la selección de contenidos 29
5. Formarse en y para el empleo de otros espacios curriculares ... 33
6. Formarse en y para favorecer la autonomía 37
7. Formarse en y para fomentar la participación 41
8. Formarse para articular interáreas, interciclos e interniveles ... 49
9. Formarse en la resolución de problemas y el trabajo
    por proyectos 51
10. Formarse para la resolución de conflictos 58

Propuestas para la reflexión y la acción 69

Anexo 71
    El método lancasteriano o sistema de enseñanza mutua 71
    Organizadores gráficos y otras técnicas de trabajo intelectual . 73
    Los portafolios como instrumento de evaluación formativa ... 83
    Enseñanza de la resolución de problemas 94
    Mediación, brevísima historia 96

Bibliografía 98

Se terminó de imprimir en febrero de 2010
en Talleres Gráficos Valdéz.
Tirada: 900 ejemplares.

www.ingramcontent.com/pod-product-compliance
Lightning Source LLC
LaVergne TN
LVHW051954060526
838201LV00059B/3633